Petra Claßen-Kövel
Thomas Keilhäuber

Erfolgreich Immobilien ersteigern

- suchen
- erwerben
- finanzieren
- Geld sparen

Compact Verlag

Alle Angaben wurden sorgfältig recherchiert, eine Garantie
bzw. Haftung kann jedoch nicht übernommen werden.
Chefredaktion: Evelyn Boos
Redaktion: Sandra Friedrich
Produktion: Wolfram Friedrich
Titelabbildungen: Hebel Haus GmbH (oben), Stommel Haus GmbH (Mitte),
Sjödalshus GmbH (unten)
Umschlaggestaltung: Ingeborg Cisse

ISBN 3-8174-2417-5
2424171

Besuchen Sie uns im Internet: www.compactverlag.de

Inhalt

Vorwort 5

Günstiger Immobilienerwerb beim Amtsgericht 6

Versteigerungen haben Hochkonjunktur 6

Wo Versteigerungstermine stattfinden 7

Gerichtliche Versteigerung und traditioneller Erwerb im Vergleich 7

Die wichtigsten Akteure und ihre Interessenlage 10
Gläubiger und Schuldner 10
Bieter 12

Das Verfahren von A bis Z – Was Sie über den Ablauf wissen müssen 20

Der Vorlauf: Anordnung, Verkehrswert und Terminbestimmung 21

Das Kernstück: Versteigerungstermin und Zuschlagsentscheidung 24
Erfolgreiche Versteigerung oder neuer Termin? 41
Die so genannte 5/10-Grenze 41
Die so genannte 7/10-Grenze 43
Wie lange die Grenzen gelten 44
Schrankenloser Billigerwerb nach Wegfall der Grenzen? 44
Weitere Zuschlagsversagungsgründe 47
Sonderfall: Mehrere Versteigerungen in einem Termin 47

Das Ergebnis: Erlösverteilung und Grundbuchberichtigung 49
Was bei Nichtzahlung passiert 51
Wie Sie als Ersteher in das Grundbuch kommen 51

Optimale Vorbereitung für Ihren Bieterfolg 53

Welche Informationsquellen Ihnen zur Verfügung stehen 53
Wie Sie die Terminbestimmung vollständig verstehen 57
Wie Sie sich weitere Informationen beschaffen: die Akteneinsicht beim Gericht 62

Wie Sie das Gutachten richtig auswerten 63
Begriffsbestimmungen: Sach-, Ertrags- und Verkehrswert 64
Der Verkehrswert auf dem Prüfstand 67
Auf welche Besonderheiten Sie achten müssen 68

Wie Sie die richtige Gläubigerbank ermitteln 71

Das Grundbuch – kein Buch mit sieben Siegeln 72
Müssen Sie Rechte übernehmen? 73
Überblick über die Grundbuchrechte der Abteilung II 75

Was Sie bei Eigentumswohnungen vom Verwalter erfahren 78

Welche Erwerbsnebenkosten auf Sie zukommen 82

Der Ablauf des Bietgeschehens 83
Wie Sie sich optimal auf den Versteigerungstermin vorbereiten 83
Das Wichtigste: die richtige Sicherheit 87
Erfolgreiche Bietstrategien 91

Das Ziel ist erreicht: Welche Schritte Sie nach dem Zuschlag unternehmen müssen 94

Der Übergang von Gefahren, Nutzen und Lasten 94
Wie Sie Ihr Objekt in Besitz nehmen 98
Der Zuschlag als Räumungsgrundlage gegen den Schuldner 99

Übergang des Mietvertrages 101

Der Verteilungstermin – Wann und wie Sie an das Gericht zahlen müssen 107
Wie Sie das noch zu zahlende Meistgebot richtig berechnen 108
Verspätete Zahlung – die Wiederversteigerung droht 116

Die Wohngeldfrage bei Eigentumswohnungen – Wer haftet? 118

Der Spezialfall „Teilungsversteigerung“ 121

Die wichtigsten Fachbegriffe von A – Z 126

Stichwortverzeichnis 128

Vorwort

Der Erwerb der eigenen vier Wände ist der Lebenstraum vieler Menschen. Das eigene Haus im Grünen oder die schicke Eigentumswohnung in der City vermittelt ein Stück Sicherheit in unsicheren Zeiten. Andere folgen dem Rat zahlreicher Experten und erwerben eine Immobilie als Anlageobjekt – etwa zur Absicherung ihrer privaten Altersvorsorge. Motive zum Immobilienerwerb gibt es viele.
Hohe Kaufpreise, horrende Grundstücks- und Baukosten sowie die oftmals lange und nervenaufreibende Realisierungsdauer lassen den Traum von der eigenen Immobilie jedoch selbst in Zeiten günstiger Finanzierungskonditionen häufig platzen.

Dieser aktuelle Ratgeber stellt Ihnen eine interessante Alternative vor: Günstiger Immobilienerwerb in der Zwangsversteigerung. Täglich machen versierte Bieter in den Sälen der Amtsgerichte echte Schnäppchen, wenn sie Immobilien zu 60 bis 80 % des tatsächlichen Verkehrswertes ansteigern.
Aber die Teilnahme an einer Immobilienversteigerung bietet neben dieser Chance auch einige Risiken, die Sie kennen sollten. Nur wenn Sie sich gründlich über das Verfahren und seine Spielregeln informieren, können Sie diesen speziellen Teil des Immobilienmarktes für sich nutzen, ohne dass der Traum vom eigenen Haus zum Albtraum wird.

Dieses Buch bietet dem Einsteiger einen praxisnahen Leitfaden durch das gesamte Verfahren. Zahlreiche konkrete Tipps für ein erfolgsorientiertes Verhalten auch schon im Vorfeld des Versteigerungstermins geben Ihnen einen Informationsvorsprung gegenüber Ihren Bietkonkurrenten. Darüber hinaus finden Sie eine genaue Darstellung dessen, was nach einem Zuschlag auf Sie zukommt. Fallbeispiele, Checklisten und ein Glossar der wichtigsten Fachbegriffe runden das Thema ab.

Günstiger Immobilienerwerb beim Amtsgericht

Versteigerungen haben Hochkonjunktur

Die anhaltend schlechte Wirtschaftslage und die damit verbundene hohe Arbeitslosigkeit lässt den Versteigerungsmarkt boomen.

Weil Hauseigentümer ihre Darlehen nicht mehr bedienen können, sehen sich die Banken immer häufiger gezwungen, die gerichtliche Zwangsversteigerung der besicherten Immobilien zu beantragen. Daneben nimmt auch die Zahl der so genannten Teilungsversteigerungen in Folge steigender Ehescheidungsquoten und Erbstreitigkeiten ständig zu.

Dank besserer Öffentlichkeitsarbeit der Gerichte und zahlreicher Reportagen in den Medien haben viele die Scheu vor dem Immobilienerwerb durch Ersteigerung bei den Amtsgerichten verloren. Höchste Zeit also, dieses lukrative Verfahren für sich zu entdecken! Dabei muss Sie als Bieter kein schlechtes Gewissen plagen: Sie „bereichern" sich nicht an der Notlage des Schuldners, sondern tragen bei einem realistischen Gebot im Wettstreit mit anderen Bietern dazu bei, dessen Schuldenlast zu vermindern.

Dieses Buch vermittelt Ihnen das nötige Know-how, um bei gerichtlichen Versteigerungen erfolgreich zu agieren. Sie lernen die Grundzüge des Verfahrens kennen, erfahren, wie Sie sich die besten Informationsquellen erschließen und welche Bietstrategien zum Erfolg führen.

Wer träumt nicht davon, als Eigennutzer oder Kapitalanleger eine Immobilie deutlich unter ihrem tatsächlichen Wert zu erwerben? Schließlich gilt die alte Geschäftsregel: „Der Gewinn liegt im Einkauf". In gerichtlichen Zwangsversteigerungen bei den Amtsgerichten lässt sich diese Erwartung häufig realisieren. Denn die Ersteigerungspreise, kurz **Steigpreise** genannt, liegen regelmäßig unter dem Verkehrswert der Immobilie. Dennoch bilden die oft zitierten Schnäppchen, bei denen der Rechtspfleger den Zuschlag zu 50 % des Verkehrswertes erteilt, auch heutzutage die absolute Ausnahme. Wer jedoch mit realistischen Preisvorstellungen in einen Versteigerungstermin geht, wird häufig mit einem Nachlass von rund 30 % des Verkehrswertes belohnt.

Wo Versteigerungstermine stattfinden

Versteigerung am Amtsgericht

Das zuständige Zwangsversteigerungsgericht sitzt unabhängig vom Wert der Immobilie stets bei dem **Amtsgericht**, in dessen Bezirk das Grundstück liegt und im Grundbuch eingetragen ist.

Zentralgerichte

> ***Praxistipp***
> In einigen Gegenden sind die Zwangsversteigerungen bei den größeren Amtsgerichten zentralisiert. Im Zweifelsfall müssen Sie deshalb zunächst bei dem nahe gelegenen Amtsgericht erfragen, welches Gericht örtlich für die von Ihnen gesuchte Objektlage zuständig ist!

Was bei den Amtsgerichten versteigert wird

- **Bebaute und unbebaute Grundstücke** wie z. B. Ein- oder Mehrfamilienhäuser, Industrie- und Gewerbegrundstücke, Bau- oder Ackerland.
- **Wohnungseigentumseinheiten** wie z. B. 3-Zimmer-Wohnungen oder Apartments. In Ballungsräumen machen sie den größten Prozentsatz der Objekte aus!
- **Teileigentumseinheiten** wie z. B. Ladenlokale, Büroeinheiten, Gaststätten oder auch Kfz-Stellplätze.
- **Erbbaurechte**
  Sie erwerben nur das befristete Recht am errichteten Gebäude, nicht aber das Eigentum am Grundstück.

Gerichtliche Versteigerung und traditioneller Erwerb im Vergleich

Grundstückskauf und Notar

Bei einem freihändigen Kauf einer Immobilie können (und müssen) Sie die Vertragsbedingungen, zu denen Sie als Käufer die Immobilie übernehmen sollen, mit dem Verkäufer aushandeln. Der Notar, bei dem der Kaufvertrag schließlich beurkundet wird, muss beide Parteien über alle rechtlich bedeutsamen Aspekte belehren. Er wickelt den Vertrag ab und überwacht die Zahlung des Kaufpreises. Das Eigentum am Objekt erwerben Sie als Käufer erst mit Ihrer Eintragung im Grundbuch. Zuvor stellt der Notar sicher, dass alle nicht übernommenen Rechte aus dem Kaufpreis abgefunden und im Grundbuch gelöscht werden. Sofern dies nicht ausdrücklich ausgeschlossen wurde, haftet der Verkäufer dem Käufer für etwaige Mängel an der Immobilie.

Versteigerung und Gericht

Ganz anders vollzieht sich der Erwerb in der gerichtlichen Versteigerung: An die Stelle der frei aushandelbaren Vertragsbestimmungen treten die gesetzlich festgelegten Versteigerungsbedingungen. Diese verkündet und erläutert der für Zwangsversteigerungen zuständige Rechtspfleger im Versteigerungstermin, bevor er zur Abgabe von Geboten aufruft. Er stellt fest, ob der Ersteigerer, in der Fachsprache **Ersteher** genannt, zusätzlich zu seinem Gebot im Grundbuch eingetragene Rechte wie z. B. ein Wegerecht oder eine Grundschuld übernehmen muss und macht das so genannte **geringste Gebot** bekannt. Es stellt das absolute Mindestgebot dar, zu dem der Rechtspfleger den Zuschlag erteilen kann. Der Erwerb vollzieht sich nach den im Zwangsversteigerungsgesetz (**ZVG**) genau und für Sie verbindlich festgelegten Regeln, den so genannten **Versteigerungsbedingungen**. Im Gegensatz zu einem Immobilienkauf findet bei einer Versteigerung keine Gewährleistung bei auftretenden Mängeln statt. Der Rechtspfleger kann nicht bestimmte Eigenschaften des Versteigerungsobjekts zusichern und für Mängel haften. Sie erwerben daher auf eigenes Risiko, sozusagen „die Katze im Sack“, obwohl Sie häufig keine Möglichkeit hatten, sich über den tatsächlichen Zustand der Immobilie volle Gewissheit zu verschaffen. Denn das Gericht kann weder den Schuldner noch einen Mieter zwingen, Innenbesichtigungen des Objekts für Bietinteressenten zu ermöglichen. Häufig ist daher das vom Gericht eingeholte Verkehrswertgutachten eines Immobiliensachverständigen Ihre zuverlässigste Informationsquelle.

Als Ersteher werden Sie Eigentümer und Besitzer der Immobilie bereits mit Erteilung des Zuschlags im Versteigerungstermin ohne Grundbucheintragung, obwohl Sie den Erlös noch gar nicht bezahlt haben. Denn das Meistgebot, für das Sie den Zuschlag erhalten haben, müssen Sie erst im Verteilungstermin an das Gericht zahlen. In diesem Termin, der in aller Regel etwa sechs bis acht Wochen nach der Versteigerung stattfindet, verteilt das Gericht den Erlös an die Gläubiger nach einer im Gesetz genau festgelegten Rangfolge.

Zwangsversteigerung und Kauf – die Unterschiede für den Erwerber	
Gerichtliche Versteigerung	**Freihändiger Verkauf**
Versteigerungstermin unter Leitung eines Rechtspflegers	Beurkundungstermin, Beurkundung des Kaufvertrags durch einen Notar
Örtlich zuständiges Amtsgericht (Lage der Immobilie)	Freie Wahl des Notars durch die Parteien (traditionell: Käuferrecht)
Aufklärungs- und Belehrungspflicht des Rechtspflegers, aber keine Rechtsberatung	Aufklärungs- und Belehrungspflicht des Notars, auch Rechtsberatung
Fundiertes Verkehrswertgutachten eines vereidigten Sachverständigen	Exposé eines Maklers
Kein durchsetzbares Besichtigungsrecht	Besichtigung der Immobilie vor Vertragsabschluss
Bietzeit mit Meistgebot am Ende	Einigung zwischen Verkäufer und Käufer über Kaufpreis im Vorfeld
Zuschlag = Eigentumserwerb durch staatlichen Hoheitsakt außerhalb des Grundbuchs	Eigentumserwerb durch Einigung (sog. Auflassung) im Notarvertrag und Grundbucheintragung
Gesetzliche Versteigerungsbedingungen: ● Übergang von Besitz, Nutzungen und Lasten ab Zuschlag ● Eventuell Übernahme von Grundbuchrechten ● Keine Gewährleistung	Frei aushandelbare Vertragsbestimmungen: ● Übergang von Besitz, Nutzungen und Lasten nach Vereinbarung ● Anspruch auf lastenfreien Erwerb, freiwillige Übernahme von Belastungen möglich ● Zugesicherte Eigenschaften
Notfalls Räumung des Schuldner-Eigentümers mit vollstreckbarer Ausfertigung des Zuschlagsbeschlusses	Freiwilliger Auszug des Verkäufers zu einem zugesicherten Zeitpunkt
Zahlung an das Gericht im Verteilungstermin	Zahlung auf Notarkonto zur vereinbarten Fälligkeit

Die wichtigsten Akteure und ihre Interessenlage

Gläubiger und Schuldner

Gläubiger

Der **Gläubiger** – häufig eine Bank oder (Bau-)Sparkasse – ist naturgemäß eine zentrale Figur in jedem Zwangsvollstreckungsverfahren. Sein Interesse ist zumeist ausschließlich darauf gerichtet, seine offene Forderung zu realisieren. In gewisser Weise ist er also „der natürliche Feind des Bieters". Sie müssen seine Befugnisse kennen, um Ihre Erfolgsaussichten abzuschätzen.

Im Versteigerungsverfahren unterscheidet man:

- **gewöhnliche Gläubiger**
  Das sind solche, die ein Grundpfandrecht (Grundschuld oder Hypothek) an der Immobilie haben, aber das Verfahren nicht aktiv betreiben und
- **betreibende Gläubiger**,
  die einen Versteigerungsantrag gestellt haben, worauf ein Anordnungs- oder Beitrittsbeschluss ergangen ist.

Wie die Gläubiger ihre Interessen im Verfahren durchsetzen, und wie Sie sich darauf einstellen können, erfahren Sie ausführlich im 2. Kapitel.

Schuldner

Das Zwangsversteigerungsverfahren hat für den **Schuldner** erhebliche wirtschaftliche und persönliche Folgen. Er verliert nicht nur das Eigentum an seiner Immobilie, sondern muss ein von ihm selbst genutztes Objekt räumen. Die wirtschaftliche Tragweite wird freilich erst nach der Zwangsversteigerung offensichtlich. In vielen Fällen reicht der im Verfahren erzielte Erlös nicht aus, um die Forderungen der Gläubiger vollständig zu befriedigen. Die bei schlechten Versteigerungsergebnissen enormen Restschulden belasten den Schuldner weiterhin. Er ist daher der Hauptbetroffene des Verfahrens und aus diesem Blickwinkel der wichtigste Beteiligte. Sein Interesse besteht naturgemäß zumeist darin, die Versteigerung zu verhindern. In Einzelfällen sind einsichtige Schuldner, die die Immobilie nicht mehr halten können, auch an einem möglichst hohen Erlös interessiert und kooperieren mit den Gläubigern und Bietinteressenten. Mancher Schuldner versucht auf Zeit zu spielen und legt gegen alle Maßnahmen und Entscheidungen des Gerichts ohne triftige Begründung Rechtsmittel ein. Eine solche Verzögerungstaktik schadet ihm aber zumeist mehr, als dass sie ihm

nützt: Lässt sich die Versteigerung in letzter Konsequenz nicht verhindern, laufen durch eine zeitliche Verschleppung weitere Zinsrückstände auf.
Die rechtlichen Möglichkeiten des Schuldners, das Versteigerungsverfahren tatsächlich aufzuhalten oder gar abzuwenden, sind allerdings sehr begrenzt.
Zwar kann er unmittelbar nach jedem Anordnungs- oder Beitrittsbeschluss einen **Antrag auf Einstellung des Verfahrens** stellen, jedoch sind solche Anträge in der Praxis nur selten erfolgreich. Der Schuldner kann meist nicht glaubhaft machen, dass er die Versteigerung durch Ausgleich der kompletten Gläubigerforderung während der maximal einjährigen Einstellungszeit tatsächlich verhindern kann.

Zwei Möglichkeiten aber bleiben dem Schuldner auf jeden Fall:

- **Umschuldung** seiner Verbindlichkeiten mit einem anderen Geldinstitut oder
- **Notverkauf** der Immobilie.

In diesen Fällen wird der betreibende Gläubiger abgelöst und nimmt seinen Versteigerungsantrag zurück. Beide Alternativen sind jederzeit möglich. Haben sie Erfolg, kann der Schuldner damit auch noch in letzter Sekunde die Versteigerung verhindern.

Kauf vor Versteigerung?

Ein **Kauf vor der Versteigerung** hat aus Ihrer Sicht als Interessent den Vorteil des sicheren Erwerbs: Sie müssen nicht gegen andere Bieter konkurrieren. Leider ist er häufig nicht durchführbar, denn der Kaufpreis muss hoch genug sein, um alle betreibenden *und* die sonstigen im Grundbuch eingetragenen Gläubiger zufrieden zu stellen, da Sie die Immobilie ja lastenfrei erwerben wollen. An überzogenen Vorstellungen des betreibenden Gläubigers oder der fehlenden Zustimmung der nachrangigen Gläubiger scheitert häufig der Notverkauf, da viele Objekte „bis weit über den Schornstein" – sprich den Verkehrswert – belastet sind.
Wenn nicht *alle* betreibenden Gläubiger ihren Versteigerungsantrag zurücknehmen geht das Verfahren ohne Rücksicht auf den Kaufvertrag und Ihre Eigentumsvormerkung weiter! Dann hätten Sie die Notar- und Grundbuchkosten umsonst bezahlt. Klären Sie daher vor Beurkundung dieses Kaufvertrags gemeinsam mit dem Eigentümer, ob Ihr Kaufpreis tatsächlich ausreicht, alle im Grundbuch eingetragenen Gläubiger vollständig zu befriedigen. Lassen Sie sich vom Eigentümer die aktuellen Kontoauszüge der Darlehenskonten vorlegen. Prüfen Sie, ob nicht noch weitere nicht im Grundbuch eingetragene Gläubiger die Versteigerung betreiben.

Praxistipp

Unterliegen Sie nicht dem verbreiteten Irrtum, *die Gläubigerbank* könne Ihnen das Objekt vor der Versteigerung verkaufen!
Dazu ist weiterhin nur der *Schuldner als Eigentümer* befugt. Seine Verkaufsbereitschaft ist also erste Voraussetzung.
Dennoch: Versuchen Sie Ihr Glück und verhandeln Sie mit beiden Seiten. Scheitert der Kaufvertragsabschluss, bleibt immer noch der Weg zum Versteigerungstermin!

Bieter

Bieter

Sie haben als **Bietinteressent** sicherlich nur ein Ziel vor Augen: den Erwerb einer Immobilie, die Ihren Vorstellungen entspricht, zu einem möglichst günstigen Preis und ohne spätere „Pferdefüße". Eine durchaus realistische Erwartung, die sich in der Zwangsversteigerung erfüllen kann.
Ergebnisse zu 70 oder 80 % des Verkehrswertes sind in ersten Versteigerungsterminen die Regel. Bei Objektarten mit einem derzeitigen Angebotsüberhang, beispielsweise bei 2-Zimmer-Wohnungen in Großstadtlagen, und in so genannten Zweitterminen können die Abschläge noch wesentlich deutlicher ausfallen.

Voraussetzung für Ihren Bieterfolg ist aber immer eine gute Vorbereitung, denn Selbstständigkeit ist gefragt!

Praxistipp

Erwarten Sie in der Versteigerung nicht das „Superschnäppchen", sondern entwickeln Sie realistische Preisvorstellungen: Der Zuschlag zu 80 % des Verkehrswertes ist Schnäppchen genug, wenn Sie überlegen, dass Sie dadurch 1/5 des Objektwertes nicht finanzieren müssen und zum empfohlenen Eigenkapitalanteil von 20 % des Verkehrswertes noch der Preisrabatt in gleicher Höhe hinzukommt. Sie werden also Eigentümer einer Immobilie, die Sie nur zu 60 % ihres Wertes und damit zu den besten Zinskonditionen beleihen müssen. Mit dieser „Traumfinanzierung" werden Sie jede Hochzinsphase problemlos überstehen.

Die ersten Schritte

Ihre ersten Überlegungen als möglicher Bietinteressent unterscheiden sich nicht von denen eines Kaufinteressenten auf dem freien Immobilienmarkt.

Zunächst müssen Sie, wie bei einem beabsichtigten Kauf klare Vorstellungen entwickeln über
- die Art der zu erwerbenden Immobilie,
- die gewünschte Objektlage,
- die Größe der Wohn- bzw. Nutzfläche und des Grundstücks,
- das Baujahr,
- den möglichen Preis.

Berücksichtigen Sie aber, dass der „Versteigerungsmarkt" eingeschränkt ist und die jeweilig vorherrschenden Marktbedingungen extrem widerspiegelt. So wird das Angebot bei den Objekten, die in der entsprechenden Makrolage gesucht sind, äußerst dürftig ausfallen. Hingegen werden Sie Objekte, bei denen ein Angebotsüberhang besteht, sehr häufig in den Aushangkästen der Amtsgerichte wiederfinden. In Großstädten kommen deshalb die gesuchten Einfamilienhäuser in Stadtrandlagen eher selten, dafür aber um so mehr 1- bis 2-Zimmer-Wohnungen unter den Hammer.
Der Grund für dieses Phänomen ist sehr einfach: den in Not geratenen und verkaufsbereiten Schuldnern gelingt es bei stark nachgefragten Objekten leichter, die Versteigerung durch einen Notverkauf zu vermeiden. Dabei werden sie von ihren Gläubigerbanken unterstützt. Bevor die Bank eine gefragte Immobilie in ein langwieriges Versteigerungsverfahren einbringt, wird sie gemeinsam mit einem verkaufswilligen Schuldner versuchen, das Objekt über ihre Immobilienabteilung zu vermarkten. Häufig angebotene Objekte in weniger gesuchten Lagen, die obendrein zu teuer eingekauft und deshalb zu hoch belastet wurden, werden freihändig auf dem Markt hingegen ohne größere Verwertungsverluste keinen Käufer finden.

Dann gilt es Ihre finanziellen Möglichkeiten auszuloten. Wie viel Eigenkapital haben Sie zur Verfügung? Wie hoch ist Ihre monatliche Liquidität, aus der Sie das Darlehen mit Zins und Tilgung bedienen können? Ihre Hausbank wird Ihnen in einem ersten informellen Gespräch sicherlich hilfreich zur Seite stehen, den für Sie maximalen Erwerbspreis in der Versteigerung zu ermitteln.

Anhand der folgenden Checkliste können Sie Ihre Vorstellungen konkretisieren:

Checkliste: Objektauswahl	
Objektart	❐ Einfamilienhaus ❐ Zweifamilienhaus ❐ Frei stehend ❐ Doppelhaushälfte ❐ Reihenhaus ❐ Eigentumswohnung ❐ Apartment ❐ Mehrfamilienhaus ❐ Wohn- und Geschäftshaus ❐ Unbebautes Grundstück ❐ Gewerbeimmobilie, speziell: ____________ ❐ Ferienimmobilie
Lage generell	❐ Innenstadt ❐ Stadtrand ❐ Kleinerer Ort ❐ Ländliches Gebiet Welche Entfernung zum Arbeitsplatz ist akzeptabel? _______ km
Konkret favorisierte Lage	Makrolage: Stadt/Raum ____________ Mikrolage: Stadt- oder Ortsteil ____________ Zuständiges Amtsgericht ____________
Größe	Grundstücksgröße: mindestens ___ m² / höchstens ___ m² Wohn- bzw. Nutzfläche: mindestens ___ m² / höchstens ___ m² Anzahl der Zimmer: ❐ 1 ❐ 2 ❐ 3 ❐ 4 ❐ 5 ❐ mehr: ______
Nutzungsart	❐ Selbstnutzung ❐ Vermietung/Verpachtung ❐ teilweise Selbstnutzung/Vermietung
Baujahr	❐ Vor 1950 ❐ 1950–1969 ❐ 1970–1979 ❐ 1980–1989 ❐ 1990–1999 ❐ ab 2000
Besondere Anforderungen	❐ Garten/Terrasse ❐ Balkon/Loggia/Dachterrasse ❐ Garage/Carport/Tiefgaragenstellplatz ❐ Weiteres Bad oder ❐ Gäste-WC ❐ Wohnküche/offene Küche ❐ Abstellraum
Bautechnischer Standard	❐ Stahlbetondecken ❐ Holzbalkendecken ❐ Gasheizung ❐ Ölheizung ❐ Fußbodenheizung ❐ Heizkörper ❐ (Iso-)Doppelverglasung ❐ Einfachverglasung
Finanzrahmen	Preisvorstellung (maximal) ____________ € ./. Vorhandenes Eigenkapital ____________ € Finanzierungsaufwand ____________ €

Versuchen Sie für sich herauszufinden, auf welche Anforderungen und Ausstattungsmerkmale Sie keinesfalls verzichten wollen. Wenn Ihnen bislang eine Gartennutzung wichtig war, werden Sie sich auf Dauer mit einer Balkonwohnung nicht zufrieden geben wollen. Insbesondere als Selbstnutzer muss die Immobilie Ihren Bedürfnissen für eine geraume Zeit entsprechen. Sie binden Ihren Eigenkapitalanteil und gehen eine langfristige Darlehensverpflichtung ein, die Sie aufgrund der Laufzeit nicht ohne weiteres kurzfristig wieder lösen können.

Als Kapitalanleger sind Sie bei entsprechender Finanzierung auf regelmäßige und nachhaltige Mietzahlungen angewiesen. Sie sollten berücksichtigen, dass kleinere Einheiten zwar eine größerer Rendite abwerfen, aber häufigere Mieterwechsel den Verwaltungsaufwand und das Mietausfallwagnis deutlich erhöhen. Dies gilt auch für weniger gut ausgestattete Objekte in schwächeren Lagen und einem entsprechenden sozialen Umfeld. Auf der sicheren Seite sind Sie als Kapitalanleger, wenn Sie bei der Objektsuche Ihre eigenen Anforderungen und Bedürfnisse zugrunde legen. Das Objekt, in das Sie selbst als Mieter einziehen würden, wird sich als gute Kapitalanlage erweisen, deren Wiederverkäuflichkeit jederzeit gegeben sein sollte.

Allzu sehr festlegen sollten Sie sich jedoch nicht. Es wäre reiner Zufall, wenn Ihr „Traumobjekt" bereits an der Gerichtstafel des Amtsgerichts zur Versteigerung aushängt. Um dennoch möglichst bald an eine geeignete Immobilie zu kommen, müssen Sie sich in Geduld fassen und Kompromisse eingehen, ohne die Sie auch auf dem freien Immobilienmarkt nicht zum Zuge kommen würden.

Ermittlung der geeigneten Objektlage

Keine Zugeständnisse sollten Sie allerdings bei der **Objektlage** machen. Diese Maxime gilt im Hinblick auf die Vermietbarkeit des Objekts für Sie als Kapitalanleger, aber natürlich erst Recht als künftiger Selbstnutzer. In diesem Punkt sind sich Makler und Gutachter einig: Die Werthaltigkeit der Immobilie wird wesentlich durch Ihren Standort geprägt, Lagevorteile garantieren Wertzuwachs.
Bei der Ermittlung des optimalen Standorts Ihrer Immobilie sollten Sie daher besonders gründlich vorgehen. Erarbeiten Sie eine Prioritätenliste mit den für Sie wichtigsten **Standortkriterien**, und überprüfen Sie, welche Makrolage Ihren Kriterien am ehesten gerecht wird. Nehmen Sie sodann die konkreten Mikrolagen unter die Lupe. Die nachstehende Checkliste wird Ihnen behilflich sein.

Checkliste: Lage und Umfeld der Immobilie

1. Erstellen Sie eine Prioritätenliste der für Sie wichtigsten **Standortkriterien** wie z. B.
   Infrastruktureinrichtungen
   - Kindergarten, Grundschule, weiterführende Schule
   - Einkaufsmöglichkeiten, Tankstelle, Bank
   - Ärzte, Apotheke, Krankenhaus
   - Erreichbarkeit der wichtigsten Behörden
   - Kulturelle Angebote
   - Sportstätten und -vereine

   Verkehrsanbindung
   - Straßen- und Autobahnanbindung
   - Öffentliche Verkehrsmittel
   - Flughafen

   Naherholungsangebote
   - Landschaftliche Lage generell
   - Grünanlagen, Parks
   - Freizeiteinrichtungen

2. Welche Makrolage (Region/Stadt) kommt in Betracht?

3. Welche Mikrolage erfüllt Ihre wichtigsten Standortkriterien am ehesten?
   - Innenstadtlage (Stadtteil?)
   - Stadtrandlage
   - Ruhige Vorortlage
   - Ländliche Lage/kleinerer Ort

4. Unterliegt das konkrete Grundstück negativen Umwelteinflüssen, wie etwa
   - Lärmbelästigung
   - Luftverschmutzung
   - Elektrosmog
   - Sonstiges: ___________

5. Informieren Sie sich über die in Zukunft zu erwartende Entwicklung der Objektlage anhand des Flächennutzungs- und des Bebauungsplanes bei der Gemeinde!

6. Wie sind die Nachbarschaft und das sonstige soziale Umfeld einzuschätzen?

7. Entsprechen Grundstückszuschnitt und Sonnenlage Ihren Bedürfnissen?

Häufig wird das von Ihnen einzusehende Verkehrswertgutachten die Lagekriterien der Immobilie ausführlich beschreiben und wertmäßig berücksichtigen.
Sie sollten aber dennoch das ausgesuchte Objekt zu unterschiedlichen Tageszeiten und Wochentagen besichtigen, um sich über die wichtigsten Lagekriterien und das Umfeld der Immobilie Gewissheit zu verschaffen.

Nur „Schrott" in der Versteigerung?

Wenn Ihre Suche nicht sofort zum Erfolg führt, sollten Sie sich nicht von der weit verbreiteten Ansicht fehlleiten lassen, nur minderwertige Immobilien, die auf dem freien Markt keinen Käufer finden, würden zwangsversteigert. Wer das meint, verkennt, dass nicht die Minderwertigkeit des Objekts, sondern allein der in finanzielle Bedrängnis geratene Schuldner Anlass zum Versteigerungsverfahren gegeben hat.
Das meistverwendete Argument derer, die behaupten, es würden nur Immobilien „2. Klasse" versteigert, ist der häufig **unbefriedigende Pflegezustand der Objekte**.
Mit Ausnahme von Eigentumswohnungen, bei denen die Wohnungseigentümergemeinschaft die Außenanlagen und das Gemeinschaftseigentum unterhält, wirken insbesondere vom Schuldner selbst genutzte Immobilien oft vernachlässigt. Dem Schuldner fehlen meist nicht nur die finanziellen Mittel; angesichts des Versteigerungsverfahrens und des drohenden Eigentumsverlustes hat er auch kein Interesse mehr, seine Immobilie zu pflegen.

Praxistipp

Als Interessent dürfen Sie sich nicht durch die äußere Erscheinung des Versteigerungsobjekts täuschen lassen: Den Wert der Immobilie bestimmen im Wesentlichen ihre Bausubstanz und die Lage, nicht jedoch das äußere Erscheinungsbild. Den Pflegezustand des Objekts hat der Gutachter beim Ermitteln des Verkehrswerts schon berücksichtigt. Ein äußerlich ungepflegt wirkendes Objekt wird weniger Bietinteressenten ansprechen. Je geringer aber die Bietkonkurrenz, desto größer ist Ihre Chance, die Immobilie günstig zu erwerben.
Merke: Alle wirklichen Schnäppchen machen auf den ersten Blick äußerlich nicht viel her!

Gegen den Strom schwimmen

Wenn Sie nicht unter Zeitdruck stehen, sollten Sie sich bei Ihrem Immobilienerwerb antizyklisch verhalten. Bröckeln aufgrund der wirtschaftlichen Situation die Preise auf dem Wohnungsmarkt, lassen sich insbesondere in Boomzeiten finanzierte und bis über den Schornstein belastete Objekte auf dem freien Markt nicht mehr absetzen. Gerade der Versteigerungsmarkt unterliegt deshalb extremen Schwankungen, die Sie ausnutzen sollten.

Makelbehaftete Objekte

Als langfristig orientierter Kapitalanleger können Sie bei Versteigerungsobjekten, die zur Zeit des Termins einen Makel aufweisen und deshalb keine Bietkonkurrenz anlocken, Ihr Schnäppchen machen. Der Bankenvertreter, der bereits mehrere erfolglose Versteigerungstermine wahrnehmen musste, wird froh sein, dass Sie als einziger Interessent, ihm das Objekt – wenn auch deutlich unter Verkehrswert – abnehmen. Aber Vorsicht: Sie müssen notfalls eine Zeit lang ohne Rendite überstehen können.

Im Mittelpunkt Ihrer Vorbereitung steht die gründliche und umfassende Information über das auserwählte Objekt. Bemühen Sie sich, immer besser informiert zu sein als Ihre Bietkonkurrenten. Denn nur wer die Vorteile, aber auch die Schwachpunkte des Versteigerungsobjekts kennt, wird sich das richtige Gebotslimit setzen und tatsächlich in der Versteigerung sein Schnäppchen machen.

Checkliste: Der richtige Weg zum erfolgreichen Ersteigern

- Suche und Auswahl von Versteigerungsobjekten
- Außenbesichtigungen
- Beschaffen von Informationen über das ausgewählte Objekt beim Versteigerungsgericht:
  - Auswerten des gerichtlichen Verkehrswertgutachtens
  - Ermitteln der betreibenden Gläubiger insbesondere des bestrangigen
  - Einsicht in den Grundbuchauszug
  - Beschaffen weiterer Informationsquellen
  - Einsicht in die Gläubigeranmeldungen
- Versuch der Innenbesichtigung
- Gläubigerkontakt
- Sicherstellen der Finanzierung
- Vorbereiten des Versteigerungstermins:
  - Ausweispapier
  - Gegebenenfalls Bietvollmacht
  - Sicherheitsleistung
  - Entwickeln einer Bietstrategie

Wie Sie im Einzelnen gezielt vorgehen müssen, ist in den folgenden Kapiteln beschrieben.

Nach einer kurzen Darstellung des Verfahrensablaufs und des Kernstücks dieses Verfahrens, dem Versteigerungstermin mit der Zuschlagsentscheidung, werden folgende für Sie wichtige Fragen über die Beschaffung von Informationen zum ausgewählten Objekt und die gründliche Vorbereitung des Termins im Mittelpunkt stehen:

- Wie erfahren Sie als potenzieller Bieter von einer Versteigerung?
- Welche wichtigen Informationen enthält bereits die Terminbestimmung der Gerichte?
- Welche Unterlagen dürfen Sie als Bieter bei den Amtsgerichten einsehen?
- Wie werten Sie das Verkehrswertgutachten richtig aus?
- Wie ermitteln Sie den Gläubiger, auf den es tatsächlich ankommt?
- Was können Sie bei Eigentumswohnungen vom WEG-Verwalter erfahren?
- Welche Informationen können Sie dem Grundbuch entnehmen?
- Müssen Sie zusätzlich zu Ihrem Gebot Grundbuchrechte übernehmen?
- Wie hoch sind die Erwerbsnebenkosten, die auf Sie zukommen?
- Wie bereiten Sie sich optimal auf den Termin vor?
- Welche Bietstrategie ist die richtige?

Haben Sie Ihr Ziel erreicht, und sind Sie vom Bieter zum **Ersteher** und damit neuen Eigentümer der Immobilie geworden, stehen Ihnen bei vermieteten Objekten die Mieten ab diesem Tag zu, bei leer stehenden Immobilien können Sie selbst einziehen oder neu vermieten.

Neben diesen Vorzügen treffen Sie aber auch eine ganze Reihe von Pflichten, insbesondere gegenüber dem Versteigerungsgericht. Sie sollten bemüht sein, diese korrekt zu erfüllen, denn anders als ein geduldiger Vertragspartner ist das Versteigerungsgericht an das Gesetz gebunden und hat keinen Spielraum. So kann z. B. der Verteilungstermin, also Ihr Zahltag, nicht verschoben werden, wenn Sie die Finanzierung des Meistgebots nicht rechtzeitig bewerkstelligen können.

Welche Folgen im Einzelnen der Zuschlag für Sie und die Rechtsverhältnisse an der Immobilie hat, welche Rechte und Pflichten auf Sie zukommen, ist in Kapitel 4 ausführlich dargestellt.

Das Verfahren von A bis Z – Was Sie über den Ablauf wissen müssen

Im Folgenden ist der Gang des Versteigerungsverfahrens in groben Zügen dargestellt. Dieses Wissen über die Zusammenhänge benötigen Sie als Bietinteressent, um die späteren Vorgänge im Versteigerungstermin richtig einordnen zu können. Aber Vorsicht! Im Rahmen dieses Buches können nur Grundzüge des Verfahrens erläutert werden.

Der Vorlauf: Anordnung, Verkehrswert und Terminbestimmung

Die Zwangsversteigerung wird stets auf Initiative eines Gläubigers angeordnet, der seinen **Versteigerungsantrag** an das zuständige Amtsgericht richten muss.

Zuständig ist der Rechtspfleger

Während der jedermann bekannte Gerichtsvollzieher bewegliche Gegenstände (z. B. Computer oder Musikanlagen) pfändet und verwertet, ist für Immobilienversteigerungen am Amtsgericht der **Rechtspfleger** zuständig.
Er hat gegenüber allen Beteiligten eine umfassende Aufklärungs- und Belehrungspflicht und muss dafür sorgen, dass die Verfahrensbeteiligten alle Tatsachen vollständig vortragen, sachdienliche Anträge stellen und für die Entscheidung wesentliche Gesichtspunkte nicht übersehen.

Praxistipp

Nutzen Sie die Aufklärungs- und Belehrungspflicht des Rechtspflegers vor und im Versteigerungstermin. Als Bietinteressent sollten Sie bei jeder Unklarheit und bei jedem Verständnisproblem den zuständigen Rechtspfleger befragen. Seine Aufgabe ist es, für alle Beteiligten die notwendige Transparenz zu schaffen.

Zwangsvollstreckungsvoraussetzungen

Ein Gläubiger, dessen Schuldner nicht freiwillig zahlt, muss zunächst einen **Vollstreckungstitel** über seine Geldforderung erwirken, etwa im Mahnverfahren oder durch Zivilklage. Banken müssen in aller Regel ihren Schuldner nicht verklagen, bevor sie die Zwangsversteigerung beantragen: Bereits die Grundschuldbestellungsurkunde, die bei Finanzierung des Grundstückskaufpreises von einem Notar aufgenommen wird, enthält einen solchen Titel zugunsten der Bank.

Ist der Schuldner im Grundbuch als Eigentümer der Immobilie eingetragen und sind alle sonstigen rechtlichen Voraussetzungen erfüllt, erlässt der Rechtspfleger den **Anordnungsbeschluss**, der an den Schuldner zugestellt wird. Gleichzeitig trägt das Grundbuchamt auf Ersuchen des Gerichts den **Versteigerungsvermerk** in das Grundbuch ein.

Beschlagnahme

Der Versteigerungsvermerk in Abteilung II führt nicht zu einer Grundbuchsperre, aber er ist äußerst wichtig: Er schützt den betreibenden Gläubiger davor, dass der Schuldner-Eigentümer noch zu seinem Nachteil über das Objekt verfügt. Der Schuldner-Eigentümer darf das Objekt zwar weiterhin verwalten und nutzen, sofern nicht gleichzeitig eine Zwangsverwaltung läuft. Durch den Anordnungsbeschluss wird die Immobilie aber zugunsten des betreibenden Gläubigers **beschlagnahmt**, also für ihn und seine Forderung sichergestellt.

Nachfolgende Grundbucheintragungen (z. B. Zwangssicherungshypotheken, aber auch Eigentumsumschreibungen) sind zwar möglich, haben aber aus Sicht des betreibenden Gläubigers keine Wirksamkeit, und werden im Versteigerungsverfahren nur auf Anmeldung berücksichtigt.

Beitritt

Wollen noch weitere Gläubiger das Verfahren aktiv betreiben, so wird deren **Beitritt** zugelassen, wobei dieselben Voraussetzungen gelten wie für den Anordnungsbeschluss. Durch den Beitrittsbeschluss wird z. B. der Gläubiger der nachrangigen Grundschuld vom bloßen Beteiligten ebenfalls zum **betreibenden Gläubiger**.

Die Position des bloßen Gläubigers eines im Grundbuch eingetragenen Rechts ist relativ schwach gegenüber der des aktiv betreibenden Gläubigers, dem das ZVG etliche zusätzliche Rechte einräumt.

Die betreibenden Gläubiger wiederum lassen sich in zwei Gruppen einteilen:

- **dingliche Gläubiger**, die das Verfahren im Rang ihres Grundpfandrechts betreiben, und
- **persönliche Gläubiger**, die nur einen Vollstreckungstitel über einen Zahlungsanspruch ohne ein Grundbuchrecht haben.

Selbstständigkeit der Einzelverfahren

Für jede Immobilie wird zwar ein einheitliches Versteigerungsverfahren durchgeführt, aber es gilt die goldene Regel: Die Verfahren der betreibenden Gläubiger sind stets getrennt zu betrachten.

Verkehrswertfestsetzungsverfahren

Sofern der Schuldner keinen Vollstreckungsschutz beantragt oder sein Antrag zurückgewiesen wurde, beginnt das Gericht automatisch mit dem Verfahren zur Festsetzung des Verkehrswertes.
Der Verkehrswert des Objekts ist die zentrale Größe, von der der Ausgang des Versteigerungsverfahrens entscheidend abhängt.

Die Bedeutung des Verkehrswertes im Versteigerungsverfahren

- **Werbeeffekt:** Die Angabe des Verkehrswertes in den Terminveröffentlichungen des Versteigerungsgerichts spricht den richtigen Interessentenkreis für die verschiedenen Objekte an und gibt Ihnen als Bieter eine Orientierung für ihr persönliches Bietlimit.
- Er ist **objektive Verhandlungsgrundlage** für Schuldner, Gläubiger und Sie als Erwerbsinteressent, wenn das Objekt zur Abwendung der Versteigerung im Vorfeld freihändig verkauft werden soll.
- Von der Höhe der Vorlasten im Verhältnis zum Verkehrswert hängen die **Erfolgsaussichten des jeweiligen Gläubigers** ab.
- Der Verkehrswert ist der Maßstab für die von Ihnen als Bieter zu erbringende **Sicherheitsleistung** (10 %, siehe Kapitel 3).
- Nach ihm berechnen sich die **5/10- und 7/10-Grenzen**, die im Folgenden noch erläutert werden.
- Der Verkehrswert ist die Bezugsgröße für die Berechnung der **Gerichtsgebühren** und Grundlage verschiedener Rechenoperationen des Rechtspflegers bei der Aufstellung des geringsten Gebots und der Verteilung des Erlöses.

Das Verfahren zur Festsetzung des Verkehrswertes gliedert sich in drei Abschnitte:

- **Gutachtenauftrag** an einen – zumeist öffentlich bestellten und vereidigten – **Sachverständigen**, eventuell auch an den Gutachterausschuss der Stadt oder des Kreises durch Beschluss oder Verfügung des Rechtspflegers

- Nach Vorlage des Gutachtens und Prüfung durch den Rechtspfleger auf logische Richtigkeit, Bewertung des richtigen Objekts und Auswahl der zutreffenden Bewertungsmethode: **Anhörung aller Verfahrensbeteiligten** (Schuldner-Eigentümer, grundbucheingetragene Berechtigte, sonstige Verfahrensbeteiligte) zur beabsichtigten Festsetzung auf der Grundlage des Gutachtens
- **Verkehrswertfestsetzungsbeschluss**, der vor dem Versteigerungstermin rechtskräftig werden muss (Ablauf einer zweiwöchigen Beschwerdefrist für die Beteiligten).

Der festgesetzte Verkehrswert gilt für das gesamte Verfahren und alle Termine. Er wird nur dann vom Gericht korrigiert, wenn **nachträglich erhebliche Veränderungen** an dem Objekt eintreten. Beispiele:

- Schäden am Gebäude durch Brand oder Hochwasser
- Als Ackerland bewertetes Grundstück wird nach Wertfestsetzung Bauland
- Jahrelange Dauer des Verfahrens mit zwischenzeitlichen erheblichen Veränderungen am Immobilienmarkt.

Praxistipp

Als Bietinteressent sind Sie nicht am Verfahren beteiligt und können daher auch niemals gegen den festgesetzten Verkehrswert angehen. Erscheint Ihnen der Wert z. B. zu hoch, können Sie nur mit einem entsprechend niedrigen Gebot reagieren und Ihr Glück versuchen. In begründeten Einzelfällen können Sie aber das Gericht auf gravierende Fehler im Gutachten hinweisen.

Es wird ernst: die Versteigerungsterminbestimmung

Gleichzeitig mit Erlass oder spätestens nach Rechtskraft des Verkehrswertfestsetzungsbeschlusses bestimmt der Rechtspfleger den Versteigerungstermin. Dadurch wird das Verfahren erstmals öffentlich, denn die Terminbestimmung wird

- mindestens vier Wochen vorher allen Verfahrensbeteiligten zugestellt,
- an der **Gerichtstafel** – in kleineren Orten auch an der Gemeindetafel – für jedermann zugänglich ausgehängt. (Wie Sie die Terminbestimmung für sich auswerten, ist in Kapitel 3 erklärt.),
- mindestens sechs Wochen vorher im regional unterschiedlich festgelegten amtlichen Bekanntmachungsblatt veröffentlicht,

- von etlichen Gerichten auch schon in das Internet eingestellt (z. B. in Nordrhein-Westfalen: www.zvg.nrw.de)
- in regionalen und bei renditestarken Anlageobjekten auch in überregionalen Zeitungen beworben.

Welcher Zeitraum zwischen der Bestimmung und dem vorgesehenen Termin liegt, hängt vom Geschäftskalender und dem Arbeitsanfall beim Versteigerungsgericht ab und steht in dessen Ermessen. In jedem Fall ist eine Zeitspanne von mindestens drei Monaten nötig, damit die gesetzlich vorgeschriebenen Fristen eingehalten werden können.

Praxistipp

Ein Versteigerungstermin kann niemals kurzfristig verschoben oder verlegt werden, weil das Gericht die gesetzlichen Fristen einhalten muss. Der einmal bestimmte Termin ist verbindlich. Er kann allerdings bis zur letzten Minute ausfallen, wenn sämtliche betreibenden Gläubiger die Einstellung des Verfahrens bewilligen. Dem Schuldner wird es in diesem Fall gelungen sein, zumindest teilweise die Forderungen seiner Gläubiger auszugleichen. Erkundigen Sie sich deshalb kurz vor dem Versteigerungstermin, ob dieser noch stattfindet.

Das Kernstück: Versteigerungstermin und Zuschlagsentscheidung

Schicksalsstunde

Der Versteigerungstermin mit der abschließenden Verhandlung über den Zuschlag ist praktisch die Schicksalsstunde des gesamten Verfahrens. Hier entscheidet sich, welche Beteiligten ihr Verfahrensziel erreichen: Wird der Zuschlag zu einem hohen Gebot erteilt, freuen sich sowohl die Gläubiger als auch die vernünftigen Schuldner. Erhalten Sie als Bieter das Objekt zum Schnäppchenpreis, können nur Sie wirklich zufrieden sein. Verläuft der Termin ergebnislos, weil keine Gebote abgegeben wurden oder der Zuschlag versagt werden musste, kommt das wohl nur einem Schuldner entgegen, der auf Zeit spielt. Der Termin findet unter Leitung des Rechtspflegers als öffentliche Sitzung des Amtsgerichts statt, zu der jedermann Zutritt hat.

Praxistipp

Der gesamte Versteigerungstermin ist natürlich außerordentlich wichtig. Als Bietinteressent müssen Sie unbedingt gut vorbereitet sein (vgl. Kapitel 3) und **äußerst pünktlich** erscheinen. Andernfalls laufen Sie Gefahr, wichtige Bekanntmachungen über das Objekt zu verpassen.

Der Ablauf des Versteigerungstermins

- Die Sitzung beginnt mit dem Aufruf der Sache.
- Es folgt die Feststellung der anwesenden Verfahrensbeteiligten (Schuldner, betreibende Gläubiger, meist Bankenvertreter, aber auch z. B. der Verwalter bei Eigentumswohnungen). Als bloßer Bietinteressent müssen Sie sich jetzt noch nicht melden.
- Der Versteigerungstermin gliedert sich dann in drei große Abschnitte:
  - den Bekanntmachungsteil
  - die Bietzeit
  - die Verhandlung und Entscheidung über den Zuschlag.

Bekanntmachungsteil

Im ersten Terminabschnitt, dem **Bekanntmachungsteil**, erfahren Beteiligte und Interessenten alles Wichtige über die rechtlichen und tatsächlichen Verhältnisse des Versteigerungsobjekts sowie die Bedingungen der Versteigerung.

Der Rechtspfleger gibt unter anderem folgende Dinge bekannt:

- den wesentlichen Grundbuchinhalt,
- die Gläubiger, die das Verfahren betreiben, und ihre Ansprüche,
- den Zeitpunkt der ersten Beschlagnahme,
- die Anmeldungen der Beteiligten, auch etwaiger Mieter und Pächter,
- den festgesetzten Verkehrswert mit 5/10- und 7/10-Grenze, sofern diese noch gelten,
- die Grunderwerbsteuerpflicht des Erstehers,
- etwaige Besonderheiten wie Baulasten, Wohnungsbindung, Denkmalschutz, Altlasten etc.,
- die gesetzlichen Versteigerungsbedingungen und das geringste Gebot einschließlich möglicher bestehen bleibender und deshalb von Ihnen zu übernehmender Rechte.

Praxistipp

Der Bekanntmachungsteil erscheint vielleicht langweilig und rechtlich kompliziert. Dennoch sollten Sie ihn mit größter Aufmerksamkeit verfolgen, um nicht später böse Überraschungen erleben zu müssen.
Bei Unklarheiten jeder Art können Sie den Rechtspfleger, der den Termin abhält, um Erläuterungen bitten. Unterbrechen Sie aber nicht den Bekanntmachungsteil, sondern warten Sie den Beginn der Bietzeit ab. Zu diesem Zeitpunkt tritt meist eine kleine Pause ein.

Gesetzliche Versteigerungsbedingungen

Tatsächlich sind die gesetzlichen Versteigerungsbedingungen das Kernstück des Bekanntmachungsteils. Sie regeln die späteren Wirkungen des Zuschlags, die direkt mit seiner Verkündung eintreten. Was Sie als Ersteher im Einzelnen nach dem Zuschlag erwartet, ist in Kapitel 4 ausführlich dargestellt. Vorab nur eine Zusammenstellung der wichtigsten Fakten ohne Erläuterung ihrer Tragweite:

Die Wirkungen des Zuschlags

- Eigentumserwerb durch den Ersteher hinsichtlich des Grundstücks und der Gebäude sowie an den mitversteigerten Gegenständen (so genanntes Zubehör).
- Erlöschen der Rechte, die nach den Versteigerungsbedingungen nicht bestehen bleiben.
- Übernahme der Rechte, die nach den Versteigerungsbedingungen bestehen geblieben sind, durch Sie als Ersteher.
- Übergang der Nutzungen, Lasten und Gefahren auf Sie als Ersteher.
- Eintritt in bestehende Miet- und Pachtverhältnisse bei Erwerb eines Ausnahmekündigungsrechts (zeitlicher Vorteil).
- Pflicht, das Meistgebot nebst Zinsen sowie die Gerichtskosten zu zahlen.
- Möglichkeit der Räumungsvollstreckung gegen den Schuldner und seine Familie.

Geringstes Gebot

Teil der gesetzlichen Versteigerungsbedingungen ist auch das geringste Gebot, eine rechnerische Größe, die Sie nicht unterschreiten dürfen, wenn Ihr Gebot wirksam sein soll.

Es gilt der **Deckungsgrundsatz**: Ansprüche, die dem Recht des bestbetreibenden Gläubigers vorgehen, müssen auf jeden Fall gedeckt werden.

Das sind z. B. Gerichtskosten und Grundsteuern, können aber auch erstrangige Grundschulden sein, aus denen das Verfahren *nicht* betrieben wird. Das geringste Gebot gibt also den Betrag an, der diese Ansprüche einschließlich der Kosten des Verfahrens deckt.

Die „Goldene Regel" des geringsten Gebots heißt somit: Alle Ansprüche, die dem bestbetreibenden Gläubiger im Range vorgehen, müssen im geringsten Gebot enthalten sein.

Bestbetreibender Gläubiger

Betreiben also mehrere Gläubiger aktiv das Zwangsversteigerungsverfahren, ist stets der **bestrangig** betreibende Gläubiger der Inhaber der überragenden Machtposition. Er ist die zentrale Figur des Verfahrens, da das geringste Gebot und die Versteigerungsbedingungen nach seinem Anspruch ausgerichtet werden und er durch die **Bewilligung einer einstweiligen Einstellung** jederzeit das Verfahren für höchstens sechs Monate stoppen kann.
Von diesem Mittel der Einstellungsbewilligung kann der Gläubiger allerdings nur zweimal während des Gesamtverfahrens Gebrauch machen. Dies kann schon im Vorfeld des Versteigerungstermins geschehen sein, aber sogar noch nach dem Schluss der Bietzeit kann er Ihren Erwerb verhindern, wenn er mit der Höhe Ihres Gebots nicht zufrieden ist.
Vom Verhalten des bestbetreibenden Gläubigers hängen daher nicht nur die Versteigerungsbedingungen, sondern auch Ihr Bieterfolg ab!

Gläubiger-Hierarchie

Die „Hackordnung" der Gläubiger ist somit auch für Sie als Bietinteressent von großer Bedeutung, damit Sie mit dem richtigen Gläubiger über seine Erlösvorstellungen in der Versteigerung verhandeln und die Versteigerungsbedingungen sowie die jeweilige Entscheidung des Rechtspflegers über den Zuschlag nachvollziehen können.
Eine stark vereinfachte Übersicht über das **Rangklassensystem** des ZVG bietet Ihnen die nachfolgende Tabelle:

Rangklasse	Anspruch	Gläubiger
„0“	Verfahrenskosten Gebühren und Auslagen	Gerichtskasse
3	Öffentliche Grundstückslasten: ● bis zu 2 Jahre rückständige Grundsteuern ● bis zu 4 Jahre rückständige Einzelleistungen, z. B. Erschließungsbeiträge	Stadt- oder Gemeindekasse
4	Ansprüche aus den Grundbuchrechten: ● **Abt. III:** Kapitalbeträge, laufende und bis zu 2 Jahre rückständige Zinsen, sonstige Nebenleistungen ● **Abt. II:** Abfindungssumme	Gläubiger der Grundschulden und Hypotheken Berechtigte der Abt. II
5	Ansprüche sonstiger betreibender Gläubiger, die nicht im Grundbuch eingetragen sind, aus Anordnungs- und Beitrittsbeschlüssen	Persönlich betreibende Gläubiger

Die **Rangklasse 4** ist die wichtigste Rangklasse, denn sie berücksichtigt und privilegiert alle im Grundbuch eingetragenen Rechte. Untereinander werden die Rechte mit ihrem Grundbuchrang berücksichtigt, der bei Grundpfandrechten im Normalfall Ihrer Eintragungsreihenfolge entspricht. Lesen Sie dazu auch Kapitel 3: „Wie Sie den Grundbuchrang richtig ermitteln“. Wie Sie den **bestbetreibenden Gläubiger** ermitteln, veranschaulicht folgender Beispielsfall:

Beispiel

Im Grundbuch sind in dieser Reihenfolge eingetragen:

- Grundschuld Abteilung III Nr. 1 der A-Bank
- Grundschuld Abteilung III Nr. 2 der B-Bank
- Hypothek Abteilung III Nr. 3 der C-Bank

Das Verfahren wird betrieben von

- der A-Bank aus dem Recht III Nr. 1 (Anordnungsbeschluss),
- der C-Bank aus dem Recht III Nr. 3 (1. Beitrittsbeschluss) und
- dem Finanzamt wegen einer persönlichen (nicht dinglich gesicherten) Forderung (2. Beitrittsbeschluss).

Bestbetreibende Gläubigerin ist die A-Bank aus dem erstrangigen Grundpfandrecht (Rangklasse 4, 1. Rangstelle). Sie allein kann die Zuschlagsentscheidung durch eine Einstellungsbewilligung beeinflussen!

Aber: Nur wenn alle drei betreibenden Gläubiger ihren Versteigerungsantrag zurücknehmen, ist das Verfahren vollständig beendet und der Zwangsversteigerungsvermerk wird im Grundbuch gelöscht!

Mit diesem Wissen können Sie jetzt die Mechanismen nachvollziehen, die der Aufstellung des geringsten Gebots zugrunde liegen:

Das geringste Gebot besteht aus zwei Teilen, dem geringsten Bargebot (zu zahlender Teil) und den bestehen bleibenden Rechten.

Zu zahlender Teil

Das **geringste Bargebot** (auch „zu zahlender Teil" des geringsten Gebots) enthält
- in jedem Fall die Gerichtskosten des Verfahrens,
- fast immer öffentliche Grundstückslasten (z. B. Grundsteuern),
- Kosten und wiederkehrende Leistungen (etwa Zinsen aus der Zeit bis zum Zuschlag) sowie einmalige Nebenleistungen, wenn Grundpfandrechte bestehen bleiben.

Ein Gebot, das unter dem bekannt gegebenen geringsten Bargebot liegt, ist unzulässig. Der Rechtspfleger muss es zurückweisen.

Bestehen bleibende Rechte

Bestehen bleibende Rechte sind entsprechend dem Deckungsgrundsatz alle dem **bestbetreibenden Gläubiger vorrangigen** Rechte der Abteilungen II und III, in der Praxis häufig Dienst-

barkeiten (z. B. Leitungs- oder Wegerechte), aber auch Grundschulden mit ihrem Kapital und den eingetragenen Zinsen ab Zuschlag. Als Ersteher müssen Sie diese Rechte ab Zuschlag **übernehmen**. Soweit es sich um Hypotheken oder Grundschulden handelt, haften Sie mit dem Grundstück für deren Kapital nebst Zinsen **ab Zuschlag**.
Kosten und Zinsen aus den bestehen bleibenden Rechten vor Zuschlag sowie eine etwaige einmalige Nebenleistung zahlt das Gericht im Verteilungsverfahren an die Gläubigerbank aus Ihrem Bargebot.

Für Sie als Ersteher gilt deshalb: Mit Verbindlichkeiten jeder Art aus der Zeit vor Zuschlag haben Sie nichts zu tun!

Meist bleiben jedoch ohnehin keine Grundschulden bestehen, weil der erstrangige Gläubiger das Verfahren betreibt. Das geringste (Bar-)Gebot besteht daher in der Praxis häufig nur aus den Gerichtskosten und dem Grundsteueranspruch. Es bildet dann lediglich eine – oft überschätzte – rechnerische Größe von nur einigen tausend Euro, die für Ihr Bietverhalten völlig unbedeutend ist. Die gesamte Litanei der Schulden und Grundbuchbelastungen, die der Rechtspfleger verlesen muss, ist für Sie als Bieter im Normalfall bedeutungslos.

Beispiel

Sie wollen auf eine Eigentumswohnung mit einem Verkehrswert von 150 000 € ein Gebot abgeben.

Im Grundbuch sind eingetragen:

Grundschuld Abteilung III Nr. 1 nebst 12 % Zinsen für die A-Bank	50 000 €
Grundschuld Abteilung III Nr. 2 nebst 15 % Zinsen für die B-Bank	120 000 €
Zwangshypothek Abteilung III Nr. 3 nebst 4 % Zinsen für Versandhaus C.	4 600 €

Das Verfahren betreibt allein die B-Bank aus dem Recht Abteilung III Nr. 2.
In diesem Fall könnte der Rechtspfleger etwa folgende Zahlen für das geringste Gebot bekannt geben:

A) **Zu zahlender Teil**

a) Gerichtskosten	3 000 €
b) Grundsteuern	200 €
c) Kosten und Zinsrückstände des Rechts Nr. 1	11 800 €
Summe	**15 000 €**

B) **Bestehen bleibendes Recht**

Grundschuld Abteilung III Nr. 1 nebst 12 % Zinsen ab Zuschlag	**50 000 €**

Geringstes Gebot insgesamt	**65 000 €**

Die Berechnungen als solche müssen Sie als Bietinteressent nicht nachvollziehen können, Sie müssen nur mit Ihrem Gebot richtig auf die Zahlen reagieren.

Ihre Kalkulation

Wollen Sie in unserem Fall ein Gebot in Höhe von 80 % des Verkehrswertes, also 120 000 €, abgeben, müssen Sie dem Rechtspfleger sagen: **„Ich biete 70 000 €!"**

Damit haben Sie wirtschaftlich geboten:

A) Bargebot	70 000 €
B) Bestehen bleibendes Recht	50 000 €
Sa.	**120 000 €**

Ihr Bargebot von 70 000 € ist zulässig, weil es das geringste Gebot von 15 000 € übersteigt. Der Rechtspfleger verkündet daher: **„Das Gebot wird zugelassen"**.

Erhalten Sie später auf das Gebot den Zuschlag, haben Sie zwei Zahlungspflichten:

- Sie müssen 70 000 € (nebst 4 % Zinsen vom Zuschlag bis zum Verteilungstermin, vgl. Kapitel 4) an das Versteigerungsgericht und
- außerhalb des Verfahrens 50 000 € nebst 12 % Zinsen ab Zuschlag an die A-Bank zahlen.

Wie Sie mit bestehen gebliebenen Grundschulden nach dem Zuschlag am besten umgehen, ist in Kapitel 4 ausführlich dargestellt. Nur soviel bereits an dieser Stelle: Fragen Sie den Rechtspfleger danach, ob die Grundschuld fällig und damit für Sie rückzahlbar ist!

Bestehen bleibende Rechte der Abteilung II

Viel häufiger müssen Sie jedoch Rechte der so genannten Abteilung II des Grundbuchs übernehmen. Während Sie Grundpfandrechte gegen Zahlung des Kapitalbetrags zuzüglich der Zinsen ab Zuschlag ablösen und anschließend im Grundbuch löschen können, ist die Kalkulation bei den Rechten, die nicht auf einen Geldbetrag lauten, schwieriger.
Hier findet sich eine enorme Bandbreite: vom **Leitungsrecht** im hinteren Teil des Grundstücks, das für die Eigentumswohnung im 3. Stockwerk des Hauses völlig ohne Belang ist, bis zum **Nießbrauch**, der dem Eigentümer eines Mehrfamilienhauses alle Nutzungen vorenthält! In Kapitel 4 werden die wichtigsten Rechte der Abteilung II noch im Einzelnen vorgestellt.

Einen Hinweis auf die Belastung durch das zu übernehmende Recht gibt der Zuzahlungsbetrag, den der Rechtspfleger durch Beschluss im Versteigerungstermin z. B. wie folgt festsetzt:

„Der Betrag, um den sich der Wert des Versteigerungsobjekts erhöht, falls das Recht Abteilung II Nr. 1 zum Zeitpunkt des Zuschlags nicht besteht, wird festgesetzt auf 100 €."

Lassen Sie sich an dieser Stelle im Termin nicht unnötig verunsichern. Die Festsetzung des Zuzahlungsbetrags hat meist nur theoretische Bedeutung. Als Ersteher müssen Sie sich darauf einrichten, dass die Belastung der Abteilung II im Grundbuch eingetragen bleibt und von Ihnen übernommen werden muss. Die Wahrscheinlichkeit, dass ein solches Recht im Zeitpunkt des Zuschlags keinen Bestand mehr hatte und Sie als Ersteher nachzahlen müssen, ist ziemlich gering. Die Zuzahlungsverpflichtung soll nur sicherstellen, dass Sie sich als Ersteher nicht dadurch bereichern, dass Sie in Folge der kalkulierten Übernahme des Rechts natürlich weniger in bar geboten haben.

Beispiel

Sie interessieren sich für ein Einfamilienhaus mit einem Verkehrswert von 250 000 € und sind bereit, 70 %, also 175 000 €, zu bieten. Im Termin erfahren Sie, dass ein **Wohnungsrecht** an sämtlichen Räumen des Dachgeschosses für die etwa 80-jährige Mutter des Schuldners bestehen bleibt. Solch eine Dienstbarkeit erlischt stets mit dem Tod des Berechtigten und geht nicht auf die Erben über. Der Zuzahlungsbetrag wird festgesetzt auf 30 000 € (fiktive Jahresmiete x statistische Restlebenserwartung der Berechtigten). In der Erwartung, diese Räumlichkeiten in absehbarer Zeit nicht nutzen zu können, bieten Sie deshalb nur 145 000 € in bar und erhalten den Zuschlag.

Möglichkeit 1:
Die alte Dame schert sich nicht um Statistiken und wird 102 Jahre alt: Sie haben ein schlechtes Geschäft gemacht.

Möglichkeit 2:
Die Wohnungsberechtigte stirbt wenige Wochen nach dem Zuschlag und Sie haben durch einen unverhofften Zufall (von Glück wollen wir hier nicht sprechen) ein echtes Schnäppchen gemacht.

Möglichkeit 3:
Kurz nach dem Versteigerungstermin stellt sich heraus, dass die Berechtigte bereits einige Tage *vor* dem Zuschlag verstorben ist. In diesem Fall wären Sie durch den kalkulationswidrigen Wegfall des Wohnungsrechts bereichert: Wäre das Gericht vom Tod der Mutter des Schuldners vor dem Termin informiert gewesen, wäre das Recht nicht als bestehen bleibend ausgewiesen worden, und Sie hätten 30 000 € in bar mehr bieten müssen, um den Zuschlag zum selben Gebot zu erhalten. Deshalb müssen Sie jetzt den Zuzahlungsbetrag nachzahlen, den das Gericht an den oder die Gläubiger verteilt, die mit ihren Forderungen ausgefallen sind.

Praxistipp

Wenn Rechte der Abteilung II von Ihnen zu übernehmen sind, lassen Sie sich stets die Tragweite der Belastung vom Rechtspfleger erklären. Bestehen Sie darauf, die Bewilligung des Rechts einsehen zu können, aus der sich die Befugnisse des Berechtigten konkret ergeben. Wenn Zweifel bleiben, ist insbesondere bei **Nießbrauch, Reallast, Wohnungsrecht, Altenteil oder Auflassungsvormerkung** Zurückhaltung geboten!

Erlöschende Rechte

Hinsichtlich aller nachrangigen Rechte, die nicht als Teil des geringsten Gebots bestehen bleiben, gilt: Sie erlöschen durch den

Zuschlag, haben aber Anspruch auf Zahlung aus dem Erlös, soweit dieser ausreicht. Das von Ihnen zu zahlende bare Meistgebot tritt für die Gläubiger an die Stelle des Objekts.
Nur zum Verständnis sei unser Beispiel von oben (50 000 € bestehen bleibende Grundschuld Abteilung III Nr. 1) fortgeführt:

Die von Ihnen inklusive Zinsen zu zahlenden	**70 400 €**
verteilt das Gericht wie folgt:	
● Gerichtskosten	3 000 €
● Grundsteuern	200 €
● Kosten und Zinsrückstände der Grundschuld Nr. 1	11 800 €
● Kosten, Zinsen und Kapital der Grundschuld Nr. 2 – **restliche** –	55 400 €,

im Übrigen fällt die B-Bank aus, das Versandhaus C erleidet mit der Zwangssicherungshypothek Nr. 3 einen Totalausfall! Die Ausfallbeträge verbleiben dem Alteigentümer als Schulden, denen jetzt die Immobilie als Vermögensgegenstand nicht mehr gegenübersteht!

Praxistipp

Verfolgen Sie mit größter Aufmerksamkeit die Bekanntgabe des Rechtspflegers, ob und gegebenenfalls in welcher Höhe **Rechte bestehen bleiben**. Ohne diese Kenntnis können Sie nicht wirtschaftlich sinnvoll bieten. Sie können später nicht von Ihrem Gebot zurücktreten, wenn Sie sich als Bieter über bestehen bleibende Rechte geirrt haben.

Die Bietzeit

Am Ende des Bekanntmachungsteils fordert der Rechtspfleger zur Abgabe von Geboten auf. Damit beginnt der zweite Teil des Versteigerungstermins, sein „Herzstück“: die **Bietzeit**. War es bis vor einigen Jahren tatsächlich noch eine volle Bietstunde, beträgt die Mindestzeit für die Abgabe von Geboten heute **30 Minuten**. Diese „halbe Bietstunde“ ist aber keine Ausschlussfrist: Das Bietgeschäft wird so lange fortgesetzt, bis nach dreimaligem Aufruf des letzten Gebotes niemand mehr höher geht. Da schriftliche Gebote im Termin oder gar im Vorfeld unzulässig sind, müssen Sie sich als Bieter zum Rechtspfleger begeben und dort ausweisen. Sodann nennen Sie Ihr Gebot, und zwar das Bargebot. Etwaige bestehen bleibende Rechte sind „im

Geiste“ dazuzurechnen. Seien Sie auch darauf vorbereitet, Sicherheit in Höhe von 10 % des Verkehrswertes leisten zu müssen. Weitere Einzelheiten zum Ablauf des Bietgeschäfts erfahren Sie in Kapitel 3.
Der Rechtspfleger nimmt jedes Gebot entgegen, verkündet es und entscheidet sofort über dessen Wirksamkeit. Entweder er lässt es zu (ausdrücklich: „Das Gebot wird zugelassen“ oder einfach dadurch, dass er es laut bekannt gibt) oder er weist es aus Rechtsgründen mit einem kurzen Beschluss zurück (z. B. wegen fehlender Sicherheitsleistung oder nicht ausreichender Vollmacht).
Jedes weitere Gebot muss das bis dahin vorliegende überschreiten („Übergebot“). Dabei sollten Sie vernünftige Bietschritte in Relation zum Verkehrswert des Objektes wählen.
Ihre Gebote im Versteigerungstermin sind stets verbindlich. Sie können sie in keinem Fall zurücknehmen und nur in extremen Ausnahmefällen wegen Irrtums anfechten.
Gebote, die Sie einmal wirksam abgegeben haben, erlöschen nur wenn

- das Gericht ein Übergebot zulässt,
  oder
- wenn der Rechtspfleger Ihr Gebot zurückweist
  oder
- wenn das Gericht das Verfahren einstellt
  oder
- der Gläubiger seinen Antrag zurücknimmt und der Rechtspfleger den Versteigerungstermin aufhebt
  oder
- wenn der Rechtspfleger rechtskräftig den Zuschlag versagt.

Nur in diesen Fällen erlischt Ihre Bindung als Bieter an das Gebot, ansonsten müssen Sie zahlen.

Praxistipp

Als Bieter sollten Sie den Terminsaal nicht verlassen, um etwa in der Gerichtskantine Kaffee zu trinken: In der Zeit Ihrer Abwesenheit könnte sich Entscheidendes ereignen. Die Bietzeit lässt sich gegebenenfalls nutzen

- zu Verhandlungen mit den Gläubigervertretern, Schuldnern und anderen Anwesenden,
- zur Beschaffung weiterer Informationen von anwesenden Beteiligten oder Bietkonkurrenten,
- zur Einsichtnahme in das Verkehrswertgutachten, die

> Teilungserklärung bei Wohnungseigentum und Bewilligungen von bestehen bleibenden Rechten, deren vollständiger Inhalt aus dem Grundbuch allein nicht ersichtlich ist. Diese Unterlagen liegen für Sie beim Rechtspfleger zur Einsicht bereit.

Ende der Versteigerung

Nach Ablauf von 30 Minuten gibt der Rechtspfleger das **Meistgebot**, also das zu diesem Zeitpunkt letzte und höchste Gebot, bekannt. In der Praxis geschieht dies meist durch **dreimaligen Aufruf** des Gebots mit Betrag und Namen des Bieters. Anders als bei sonstigen Auktionen beendet jedoch der dritte Aufruf noch nicht das Versteigerungsgeschäft: Weitere Gebote können Sie noch direkt **nach** dem dritten Aufruf abgeben. Neue Gebote führen zur Wiederholung der beschriebenen Verfahrensweise – so lange, bis tatsächlich keine Gebote mehr folgen. Erst dann verkündet der Rechtspfleger den **Schluss der Versteigerung**. Von diesem Moment an darf niemand mehr bieten; die Bietzeit lässt sich unter keinen Umständen mehr wiedereröffnen.

Verhandlung über den Zuschlag

Damit ist der Versteigerungstermin aber noch nicht endgültig beendet. Weit verbreitet ist das Missverständnis, der Meistbietende erhalte auch automatisch den Zuschlag. Nach spannendem Bieterstreit gibt es an dieser Stelle manchmal sogar Beifall aus dem Saal. Aber aufgepasst: Freuen Sie sich nicht zu früh. Es folgt nämlich nach der Bietzeit der dritte Terminabschnitt, an dessen Ende das Gericht verkündet, wie es über den Zuschlag entscheidet.

Erst diese **Verhandlung über den Zuschlag** entscheidet über das Schicksal Ihres Meistgebots!

> ***Praxistipp***
>
> Nachdem Sie so lange ausgeharrt haben, sollten Sie, auch wenn Sie nicht Meistbietender geblieben sind, den Terminsaal keineswegs vor der Schlussentscheidung verlassen. Andernfalls erfahren Sie den Ausgang des Termins wahrscheinlich nur auf Umwegen. Die meisten Gerichte geben nämlich keine telefonischen Auskünfte über das Terminergebnis – falls doch, dann nur an Verfahrensbeteiligte.

Nach Schluss der Versteigerung hört das Gericht alle anwesenden Verfahrensbeteiligten und den Meistbietenden zum Terminergebnis an. Dies ist im Versteigerungstermin der letzte Moment für die Beteiligten, um Erklärungen abzugeben, die die anschließende Entscheidung des Gerichts beeinflussen könnten.

Keine Gebote – der ergebnislose Versuch

Leider gibt es nicht immer etwas zu verhandeln: Es gibt Termine, bei denen keine Entscheidung über den Zuschlag getroffen werden kann. Stellt nämlich der Rechtspfleger nach Schluss der Versteigerung fest, dass keine Gebote abgegeben wurden, so beschließt das Gericht die **Verfahrenseinstellung mangels Abgabe von Geboten („§ 77 ZVG“).**

Dieser Beschluss betrifft alle in diesem Termin betreibenden Gläubiger. Nach einem Fortsetzungsantrag des jeweiligen Gläubigers, den dieser binnen sechs Monaten stellen muss, wird ein neuer Versteigerungstermin angesetzt, der wieder wie der erste veröffentlicht wird.

Sofern aber nach Schluss der Versteigerung mindestens ein wirksames Gebot vorliegt, muss der Rechtspfleger über den Zuschlag entscheiden – entweder durch Zuschlagserteilung oder Zuschlagsversagung! Er muss den Zuschlag aber aussetzen, wenn eine Genehmigung aussteht oder der Titel dem Gericht nicht vorliegt.

Verkündungstermin

Diesen Beschluss über den Zuschlag gibt das Gericht direkt im Versteigerungstermin oder in einem sofort zu bestimmenden (wiederum öffentlichen) **Verkündungstermin** bekannt. Die Zuschlagsentscheidung soll nicht länger als eine Woche hinausgeschoben werden, aber auch ein weiträumigerer Termin ist grundsätzlich zulässig.

Der bestbetreibende Gläubiger kann ebenso wie die anderen Beteiligten einen Antrag auf Aussetzung der Zuschlagsentscheidung stellen. Zur Begründung wird häufig vorgetragen, das Versteigerungsergebnis sei hinter den Erwartungen zurückgeblieben und die Zuschlagsfähigkeit des Meistgebots müsse bankintern noch geprüft werden.

Tatsächlich nutzen Gläubigerbanken eine erfolgreich beantragte Aussetzung häufig dazu, Sie als Meistbietenden zu einer außergerichtlichen Zuzahlung zu bewegen. Ob der Rechtspfleger dem Aussetzungsantrag stattgibt, liegt allein in seinem Ermessen. Viele Gerichte neigen leider dazu, den Aussetzungsanträgen der Gläubiger ohne weiteres zu entsprechen.

Praxistipp

Als Meistbietender haben Sie ein Recht darauf, dass das Gericht über Ihr Gebot entscheidet. Sie haben eine Sicherheit geleistet und bleiben bis zur Verkündung der Entscheidung an Ihr Gebot gebunden. **Deshalb sollten Sie dem Antrag auf Aussetzung der Zuschlagsentscheidung normalerweise mit dieser Argumentation energisch widersprechen.** Der Gläubiger wird nämlich in der Zwischenzeit vielleicht versuchen, Sie zu einer Zuzahlung an ihn außerhalb des Verfahrens zu bewegen, um sich seine Zustimmung zum Zuschlag quasi abkaufen zu lassen. Das ist zwar aus seiner Sicht legitim, für Sie wird es dann aber teurer als geplant.

Zuschlagserteilung

Der Zuschlag ist das zentrale Ereignis in einem Zwangsversteigerungsverfahren. Es handelt sich dabei nicht um einen Vertrag, sondern um einen staatlichen Hoheitsakt, der das Eigentum am Versteigerungsobjekt für den Ersteher neu begründet; der Ersteher ist also nicht Rechtsnachfolger des Schuldners. Dadurch ist für Sie als Ersteher auch die Gefahr gebannt, für alte Schulden des Voreigentümers aufkommen zu müssen.
Den Zuschlag erteilt das Gericht – wenn kein Zuschlagsversagungsgrund vorliegt – dem **Meistbietenden**.

Davon gibt es lediglich zwei Ausnahmen: Die nachträgliche Abtretung des Rechts aus dem Meistgebot sowie das nachträgliche Offenlegen eines Vertretungsverhältnisses, das zwischen dem Meistbietenden und einem Dritten besteht.
Treten Sie als Meistbietender Ihr Recht ab, und übernimmt es ein Dritter, so müssen beide dies zwischen Schluss der Versteigerung und Zuschlagsverkündung zu Protokoll des Versteigerungsgerichts geben oder in notariell beglaubigter Form erklären. Eine verdeckte Bietvollmacht müssen Sie als Bieter zur gleichen Zeit und in der gleichen Form offen legen. Sowohl die Abtretung als auch die Vorlage der verdeckten Bietvollmacht haben zur Folge, dass der Rechtspfleger den Zuschlag nicht dem Meistbietenden, sondern dem Abtretungsempfänger beziehungsweise dem verdeckten Vollmachtgeber erteilt.
Allerdings haften dann der Meistbietende und der Ersteher als Gesamtschuldner für das Meistgebot. Außerdem entsteht in diesen Fällen eine doppelte Grunderwerbsteuer.
Der Beschluss über den Zuschlag wird im Termin verkündet und sieht wie folgt aus:

Geschäfts-Nr. 84 K 210/03
(Bitte bei allen Schreiben angeben)

AMTSGERICHT DÜSSELDORF
BESCHLUSS

In dem Verfahren zur Zwangsversteigerung
einer Eigentumswohnung in Düsseldorf-Derendorf

Grundbuchbezeichnung:

Grundbuch von Derendorf Blatt 11233

123/1.000 Miteigentumsanteil an dem Grundstück
Gemarkung Derendorf, Flur 8, Flurstück 567,
Gebäude- und Freifläche, Pfalzstraße 8, Größe 345 m^2
verbunden mit dem Sondereigentum an der Wohnung im
1. Obergeschoss links nebst Kellerraum im Kellergeschoss,
im Aufteilungsplan mit **Nr. 4** bezeichnet

Eigentümer:
Siegfried Schuld, Armengasse 13, 76543 Musterstadt

im Versteigerungstermin:

Renate Schneider-Schlau, geborene Pfiffig
geboren am 12.06.1948
In der Rehwiese 12a, 01234 Neustadt

Das vorbezeichnete Versteigerungsobjekt wird daher Meistbietenden für den durch Zahlung zu berichtigenden Betrag von

144 100 €
(einhundertvierundvierzigtausendeinhundert Euro)

unter den folgenden Bedingungen zugeschlagen:

1. Es bleibt folgendes Recht bestehen:
   Abteilung II Nr. 1
   Beschränkte persönliche Dienstbarkeit (Gemeinschaftsantennenanlagerecht) der Robert Bosch GmbH, Berlin

2. Für den Fall, dass Abteilung II Nr. 1 zum Zeitpunkt des Zuschlags nicht, einen Betrag von 50 € nachzuzahlen, § 51 Abs. 2 ZVG

3. Der durch Zahlung zu berichtigende Betrag des Meistgebots ist von heute an mit 4% zu verzinsen und mit diesen Zinsen bis zum Verteilungstermin an das Gericht zu zahlen, mit Ausnahme der unter Rücknahmeverzicht erbrachten Sicherheitsleistung von 18 500 €.

4. Die Kosten dieses Beschlusses.

5. Im Übrigen gelten die gesetzlichen Versteigerungsbedingungen.

Düsseldorf, 22. März 2004
Genau
Rechtspfleger

Die Wirkungen treten **unmittelbar mit Verkündung** des Beschlusses ein, können jedoch „schlimmstenfalls" durch Aufhebung des Zuschlags im Beschwerdeverfahren nachträglich wieder entfallen, sodass sich für Sie als Ersteher bis zur Rechtskraft eine Art Schwebezustand ergibt.
Wann die Rechtskraft eintritt, und wie Sie sich in der Zwischenzeit verhalten müssen, wird ausführlich in Kapitel 4 dargestellt.

Erfolgreiche Versteigerung oder neuer Termin?

Es gibt zahlreiche Rechtsgründe, die dazu führen, dass das große Verfahrensziel, einen Zuschlag zu einem guten Meistgebot herbeizuführen, verfehlt wird. Diese Rechtsgründe sind teilweise vom Gericht von Amts wegen, teilweise aber auch nur auf Initiative eines Beteiligten zu beachten.

Zuschlagsversagungsgründe

Die folgende Darstellung der Zuschlagsversagungsgründe beschränkt sich auf die wichtigsten und in der Praxis häufigsten Fälle.

Die so genannte 5/10-Grenze

Was die 50%-Grenze bedeutet

Von Amts wegen, das heißt **ohne Antrag** eines Beteiligten, ist der Zuschlagsversagungsgrund des § 85 a Abs. 1 ZVG zu beachten: Der Zuschlag ist zu versagen, wenn das im „ersten Termin" (siehe unten) erzielte Meistgebot 5/10 des festgesetzten Grundstücksverkehrswerts nicht erreicht.
Dabei muss das Gericht bares Meistgebot und etwaige von Ihnen zu übernehmende Rechte der Hälfte des Verkehrswertes gegenüberstellen.

Beispiele

Fall 1:

festgesetzter Verkehrswert	120 000 €
bestehen bleibendes Recht:	
Grundschuld Abteilung III Nr. 1	30 000 €
bares Meistgebot	20 000 €

Das Gericht muss den Zuschlag versagen, da das Meistgebot von insgesamt 50 000 € die Hälfte des Verkehrswerts (60 000 €) nicht erreicht.

Fall 2:

Festgesetzter Verkehrswert	120 000 €
Bestehen bleibendes Recht:	
Wegerecht Abteilung II Nr.1	
Festgesetzter Zuzahlungsbetrag	500 €
Bares Meistgebot	59 500 €

Das Versteigerungsgericht kann den Zuschlag erteilen, weil der festgesetzte Zuzahlungsbetrag Ihrem Bargebot hinzugerechnet wird und das Meistgebot dadurch insgesamt die Hälfte des Verkehrswerts (60 000 €) genau erreicht. Das Überschreiten der 5/10-Grenze ist nicht erforderlich.

Meistgebot einer Gläubigerbank

Obwohl § 85 a Abs. 1 ZVG mit seiner 5/10-Grenze die Beteiligten vor der Verschleuderung des Objekts schützt, ist auch folgende scheinbare „Sensationsmeldung" juristisch und wirtschaftlich völlig korrekt: „Millionenobjekt im 1. Termin für 12 000 € versteigert!"

Den Grund dafür bietet eine etwas komplizierte Ausnahmeregelung. Der Rechtspfleger kann den Zuschlag nämlich auch dann erteilen, wenn zwar die bestehen bleibenden Rechte und das bare Meistgebot die Hälfte des Verkehrswertes unterschreiten, das Meistgebot aber von einem Gläubiger abgegeben wurde. In diesem Fall ist dessen **Ausfall** bei der Erlösverteilung dem Meistgebot hinzuzurechnen. Der Schuldner erleidet dadurch keinen Nachteil, denn die ersteigernde Bank muss dem Darlehenskonto des Schuldners den Betrag gutschreiben, den er bei einem Meistgebot in Höhe von sogar 70% erhalten hätte. Ein solches Ergebnis ist daher für alle Beteiligten gerecht.

Allerdings können Sie als Interessent die entsprechenden Berechnungen nur schwerlich selbst anstellen. Aus diesem Grund:

Praxistipp

Solange die 5/10-Grenze noch gilt, sollten Sie sich bei Geboten von Gläubigerbanken, die unter der Hälfte des Verkehrswerts liegen, beim Rechtspfleger erkundigen, ob diese zuschlagsfähig sind. Vertrauen Sie nicht auf eine

Zuschlagsversagung mit Zweittermin und lassen Sie sich deshalb vom Bieten abhalten. Andernfalls könnte Sie der Zuschlag auf ein Meistgebot unter 5/10 des Verkehrswertes am Terminende überraschen.

Die so genannte 7/10-Grenze

Wann die 70%-Grenze Anwendung findet

Liegt das wirtschaftliche Meistgebot über der Hälfte des Verkehrswertes, erreicht aber 7/10 nicht, kann das Gericht grundsätzlich den Zuschlag erteilen.
Das Gesetz gibt aber bei Geboten unter 7/10 des Verkehrswertes den vom Ausfall ihrer Forderungen bedrohten Gläubigern ein Vetorecht: Sie können beantragen, dass das Gericht den Zuschlag wegen Nichterreichens der 7/10-Grenze versagt. Die Zuschlagsversagung wegen Nichterreichens der 7/10-Grenze setzt daher voraus, dass

- die Addition von barem Meistgebot und bestehen bleibenden Rechten weniger als 70 % des Verkehrswertes ergibt, und
- ein Gläubiger, der bei dem vorliegenden Meistgebot weniger oder gar nichts aus dem Erlös bekommt, bei einem Meistgebot in Höhe von 7/10 des Wertes jedoch besser gestellt wäre, und
- dieser Gläubiger in der Verhandlung über den Zuschlag einen entsprechenden Antrag stellt.

Der Rechtspfleger hat auch in diesem Fall keinen Ermessensspielraum: Liegen die juristischen Voraussetzungen vor, muss er dem Gläubigerantrag entsprechen. Dies gilt selbst dann, wenn die anderen Beteiligten mit einem Zuschlag einverstanden wären.

Praxistipp

Versuchen Sie durch Kontakt mit dem Bankenvertreter im Termin herauszufinden, ob er einen „7/10-Antrag" stellen wird. Nach Schluss der Bietzeit können Sie auf den Antrag nicht mehr reagieren. Während der Bietzeit hingegen könnten Sie mit einem Gebot in Höhe von 70 % den Zuschlag an sich sicherstellen. Vielleicht wird der Banker aber auch schwach, wenn Sie nur 65 % bieten, und verzichtet auf einen Versagungsantrag. Verhandeln Sie!

Wie lange die Grenzen gelten

Zusammenspiel der Grenzen

Wenn das Gericht den Zuschlag versagt hat, weil die 5/10- oder 7/10-Grenze zur Anwendung kam, bestimmt es ohne weiteren Antrag eines Beteiligten sofort einen neuen Versteigerungstermin.
Hinsichtlich der Geltungsdauer der beiden Grenzen im Verfahren gilt es, einen weit verbreiteten Irrtum auszuräumen: Der von vielen Interessenten oft zitierte Satz „Die Grenzen gelten nur im ersten Termin" ist falsch!

Richtig ist: 5/10- und 7/10-Grenze gelten im Verfahren so lange, bis einmal wegen Nichterreichens einer der beiden Grenzen der Zuschlag versagt wurde! Im dann folgenden nächsten Versteigerungstermin gelten beide Grenzen nicht mehr!
Wurde also im ersten Termin überhaupt kein Gebot abgegeben, oder gab es eine Zuschlagsversagung aus anderen Gründen, gelten die beiden Grenzen im folgenden (zweiten) Termin immer noch. Das heißt aber auch: in jedem Verfahren kann es nur einmal eine Zuschlagsversagung aufgrund einer der beiden Grenzen geben. Den Wegfall der Grenzen veröffentlichen die Versteigerungsgerichte in der neuen Terminbestimmung durch den Zusatz: „Die Zuschlagsversagungsgrenzen sind verbraucht" oder „5/10- und 7/10-Grenze gelten nicht mehr" oder „Im Vortermin wurde der Zuschlag wegen Nichterreichens der 5/10- (7/10-) Grenze versagt".

Schrankenloser Billigerwerb nach Wegfall der Grenzen?

Die Notbremse: einstweilige Einstellung des Bestbetreibenden

Viele nicht sehr versierte Interessenten glauben, nach Verbrauch der beiden Grenzen seien im nächsten Termin Tür und Tor für einen Billigerwerb geöffnet, doch auch dies ist ein Irrtum.

Denn der bestbetreibende Gläubiger kann die Zuschlagsentscheidung auch noch nach Schluss der Versteigerung ohne weiteres durch die Bewilligung einer einstweiligen Einstellung das Verfahrens verhindern, falls das Meistgebot seinen Vorstellungen nicht entspricht. Dem Rechtspfleger sind dann die Hände gebunden: Er muss den Zuschlag versagen.

Hat die bestbetreibende Bank von dieser Einstellungsbewilligung schon zweimal Gebrauch gemacht und kann sie aus diesem Grund nicht noch einmal einstellen, bliebe ihr nur die Antragsrücknahme als letzte Möglichkeit, den Zuschlag zu verhin-

dern. In diesem Fall wäre das ganze Versteigerungsverfahren beendet und müsste neu aufgerollt werden, was die Forderung der Bank weiter anwachsen ließe. Für Sie eine gute Verhandlungsposition mit besten Voraussetzungen, Ihr Schnäppchen zu machen!
Bedenken Sie aber, dass dies immer nur in Bezug auf den **bestbetreibenden** Gläubiger gilt! Die Einstellungsbewilligung eines nachrangig betreibenden Gläubigers hat keinen Einfluss auf den Zuschlag!

Praxistipp

Damit Sie die Möglichkeiten des Terminausgangs abschätzen können, müssen Sie dem Rechtspfleger spätestens im Versteigerungstermin folgende Fragen stellen:

1. Der wie vielte Termin steht heute an?
2. Mit welcher Entscheidung endeten die vorangegangenen Termine?
3. Wie oft hat der bestbetreibende Gläubiger im Verfahren bereits die einstweilige Einstellung bewilligt?

Gerade Verfahren, die bereits Monate oder gar Jahre andauern, und in denen schon mehrere Termine stattgefunden haben, bieten die Gelegenheit für einen Erwerb weit unter dem Verkehrswert: Der betreibende Gläubiger ist – wie dargestellt – bereits ziemlich verzweifelt. Mögliche Konkurrenten haben ihr Bietinteresse längst aufgegeben oder haben den Überblick verloren. Hier können Sie Ihren Informationsvorsprung ausspielen.
Am besten fertigen Sie sich eine Übersicht an – etwa nach folgendem Muster:

Termin		**Schlussentscheidung**		
Nr.	Datum	Keine Gebote – Verfahrenseinstellung	Zuschlagsversagung wegen Nichterreichens	Zuschlagsversagung wegen Einstellung des besten Gläubigers
		5/10	7/10	
1		☐	☐	☐ ☐
2		☐	☐	☐ ☐
3		☐	☐	☐ ☐
4		☐	☐	☐ ☐

Mit diesen Kenntnissen können Sie Ihre Chancen im Termin aus der folgenden Tabelle ablesen:

Übersicht: Ausgang des Versteigerungstermins

Verfahrenslage	Entscheidung des Gerichts	weiterer Verfahrensgang
1. keine wirksamen Gebote		
a) erstmalig	Verfahrenseinstellung mangels Abgabe von Geboten (§ 77 Abs. 1 ZVG)	Fortsetzungsantrag des betreibenden Gläubigers binnen 6 Monaten (andernfalls Aufhebung) → neuer Versteigerungstermin (Grenzen gelten noch, sofern nicht bereits 2.a) oder 3. a)
b) erneut	Verfahrensaufhebung bezüglich des betreffenden Gläubigers	keiner
2. Meistgebot unter 5/10-Verkehrswert		
a) erstmalig	Zuschlagsversagung von Amts wegen (§ 85 a Abs. 1 ZVG)	Neuer Versteigerungstermin von Amts wegen (5/10- und 7/10-Grenze gelten nicht mehr)
b) erneut = nach 2.a) oder 3.a) im Vortermin	Zuschlagserteilung von Amts wegen möglich (Gläubiger bleibt Einstellungsmöglichkeit, siehe 4.)	Verteilungsverfahren bzgl. des Erlöses
3. Meistgebot unter 7/10-Verkehrswert		
a) erstmalig	Zuschlagsversagung auf Antrag eines betroffenen Gläubigers (§ 74 a Abs. 1 ZVG)	Neuer Versteigerungstermin von Amts wegen (5/10- und 7/10-Grenze gelten nicht mehr)
b) erneut = nach 2.a) oder 3.a) im Vortermin	kein neuer Zuschlagsversagungsgrund möglich = Zuschlagserteilung (Gläubiger bleibt Einstellungsmöglichkeit, siehe 4.)	Verteilungsverfahren bzgl. des Erlöses
4. Meistgebot in beliebiger Höhe, Einstellungsbewilligung des bestbetreibenden Gläubigers nach Schluss der Versteigerung		
a) erstmalig und erneut	Zuschlagsversagung mit Einstellungswirkung (§§ 30 Abs. 1 Satz 1,33 ZVG)	Fortsetzungsantrag des betreibenden Gläubigers binnen 6 Monaten (andernfalls Aufhebung) → neuer Versteigerungstermin (Grenzen gelten noch, sofern nicht bereits 2.a) oder 3. a)
b) beim dritten Mal (auch bei Antragsrücknahme, § 29 ZVG)	Zuschlagsversagung mit Aufhebungswirkung (§§ 30 Abs. 1 Satz 2, 33 ZVG)	keiner

Welche weiteren Zuschlagsversagungsgründe es gibt

Zum Schluss sei noch darauf hingewiesen, dass es neben den hier dargestellten häufigsten Zuschlagsversagungsgründen etliche andere Umstände gibt, die den Zuschlag verhindern können, z. B.

- **Verfahrensfehler**, die das Gericht erst nach Durchführung der Bietzeit entdeckt (sollten bei sorgfältiger Bearbeitung nicht vorkommen).
- **Ablösung der Forderung** des bestbetreibenden Gläubigers durch den Schuldner oder einen nachrangigen Gläubiger (passiert häufig, wenn der Gläubiger das Verfahren nur wegen einer geringen Forderung betreibt).
- **Begründeter Schutzantrag** des Schuldner-Eigentümers, wonach die Vollstreckung sittenwidrig sei.
  Dieser Antrag wird oft gestellt, hat aber selten Erfolg, da es sich um eine extreme Ausnahmevorschrift handelt. Der Rechtspfleger wird aber die Entscheidung zumindest für einige Tage aussetzen müssen, um den Zuschlagsbeschluss umfangreich zu begründen.

Sonderfall: Versteigerung mehrerer Objekte in einem Termin

Sofern mehrere rechtlich selbstständige Immobilien (z. B. drei Grundstücke oder 12 Eigentumswohnungen eines Hauses) einheitlich belastet sind, können sie in einem gemeinsamen Verfahren („Verbund") versteigert und in einem einheitlichen Versteigerungstermin angeboten werden. Die Terminbestimmung des Gerichts listet dann alle Objekte auf. An dieser Stelle können nur die Grundzüge der gesetzlichen Regelungen, die leider ziemlich kompliziert und einzelfallbezogen sind, dargestellt werden.

Checkliste: Wie mehrere Objekte versteigert werden

- Es gilt der Grundsatz der Einzelversteigerung, das heißt jedes Objekt wird grundsätzlich getrennt ausgeboten („**Einzelausgebot**").
- Die Verfahrensbeteiligten können beantragen, dass die Immobilien daneben auch gemeinsam versteigert werden („**Gesamtausgebot**").

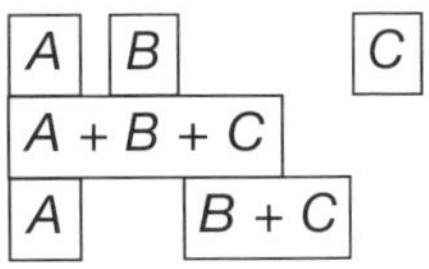

- Auf Antrag können auch nur einige, aber nicht alle Objekte zusammengefasst werden („**Gruppenausgebot**“ – relativ selten).

Nur wenn sich alle im Termin anwesenden Verfahrensbeteiligten einig sind, kann auf die Einzelausgebote verzichtet werden, andernfalls finden Einzel-, Gesamt- und eventuell auch Gruppenausgebot nebeneinander statt. In diesem Fall wird der Zuschlag auf die Ausgebotsart mit dem besten Ergebnis erteilt. Bei gleichen Ergebnissen erhalten die Einzelausgebote den Zuschlag.

Beispiel

Versteigert werden zwei Eigentumswohnungen im 1. Obergeschoss eines Hauses rechts und links. Neben den Einzelausgeboten findet auf Antrag der Gläubigerbank ein Gesamtausgebot statt (vielleicht weil man die Wohnungen mit einem Durchbruch verbinden könnte!). Nach Schluss der Versteigerung liegen folgende Meistgebote vor:

Einzelausgebot Wohnung A:	90 000 €
Einzelausgebot Wohnung B:	100 000 €
Gesamtausgebot Wohnungen A + B:	200 000 €

Der Zuschlag wird auf das Gesamtausgebot erteilt, weil die Summe der Einzelausgebote (190 000 €) dahinter zurück bleibt.
Hätte einer der Interessenten für die einzelnen Wohnungen 10 000 € mehr geboten, hätte das Ergebnis anders ausgesehen, denn bei gleicher Höhe gewinnen die Einzelausgebote!
Der Zuschlag kann aber auch nach dem Vergleich nur erteilt werden, wenn die 5/10- und eventuell die 7/10-Grenze erreicht sind.

Praxistipp

Ein **„Gesamtausgebot unter Verzicht auf Einzelausgebote“** muss aus juristischen Gründen auch immer dann beschlossen werden, wenn **Bruchteile** an einer Immobilie versteigert werden, z. B. die $^1/_2$ Anteile von Eheleuten am Einfamilienhausgrundstück. Lassen Sie sich von dieser Formalie nicht irritieren, Sie bieten dann auf das Gesamtausgebot und damit auf das Hausgrundstück als solches.

Erst im Versteigerungstermin selbst wird festgelegt, wie die Immobilien ausgeboten werden. Darauf haben Sie als Bietinteressent leider keinen Einfluss. Fragen zu den Ausgebotsarten *vor* dem Termin können Ihnen deshalb bei Gericht nicht beantwortet werden.
Es kann Ihnen daher auch passieren, dass die Eigentumswohnung im 1. Obergeschoss, auf die Sie ein Auge geworfen haben, nur zusammen mit den anderen elf Wohnungen des Hauses angeboten wird, und von Ihnen separat nicht erworben werden kann. Die Gläubigerbanken, die die Ausgebotsanträge stellen, lassen sich dabei allein von wirtschaftlichen Überlegungen, sprich dem ihnen im Vorfeld avisierten Interesse für die Immobilien, leiten.

Praxistipp

Termine, in denen mehrere Ausgebote nebeneinander stattfinden, sind recht kompliziert und verlangen erhöhte Aufmerksamkeit. Fertigen Sie sich eine Übersicht an, in der Sie alle Ausgebotsarten und sämtliche abgegebenen Gebote notieren.
Fragen Sie eventuell den Rechtspfleger, welches Meistgebot aktuell den Zuschlag erhalten würde, wenn es auf das Ende der Bietzeit zugeht.

Das Ergebnis: Erlösverteilung und Grundbuchberichtigung

Was kommt nach dem Zuschlag?

An den Zuschlag im Versteigerungs- oder Verkündungstermin schließt sich das gerichtliche Verfahren zur Verteilung des Erlöses an.
Das Versteigerungsgericht bestimmt von Amts wegen einen so genannten **Verteilungstermin**, zu dem Sie als Ersteher Ihr Meistgebot zahlen müssen. In diesem Termin werden die Ansprüche der Gläubiger entsprechend ihrer Rangfolge aus dem Versteigerungserlös befriedigt. Die Verteilung des Erlöses ist für

Sie als Ersteher relativ uninteressant. Aus Ihrer Sicht ist nur die Zahlung des Meistgebots entscheidend. Diesem wichtigen Thema ist in Kapitel 4 ein größerer Abschnitt gewidmet.

Checkliste: Wie das Erlösverteilungsverfahren abläuft

- Bestimmung des Verteilungstermins.
- Anmeldung der Ansprüche durch die Gläubiger.
- Aufstellung des Teilungsplans im Verteilungstermin: Wer erhält den Erlös?
- Verhandlung über den Plan im Termin.
- Feststellung, ob der Erlös gezahlt ist.
- Ausführung des Teilungsplans.

Verteilungsterminbestimmung

Das Gericht setzt den Verteilungstermin zumeist unmittelbar nach dem Zuschlagsbeschluss fest und nicht erst nach dessen Rechtskraft, die erst nach Ablauf der zweiwöchigen Beschwerdefrist eintritt. Die Terminbestimmung stellt der Rechtspfleger daher in der Praxis gleichzeitig mit dem Zuschlagsbeschluss den Verfahrensbeteiligten und Ihnen als Ersteher zu.
Sie müssen die Verteilungsterminbestimmung spätestens zwei Wochen vor dem Termin erhalten. Zwischen dem Zuschlag und dem Verteilungstermin liegt jedoch regelmäßig mindestens eine Zeitspanne von sechs bis acht Wochen. Diesen Zeitraum benötigen insbesondere Sie als Ersteher, um die Finanzierung des Meistgebots sicherzustellen. Bei serviceorientierten Gerichten erhalten Sie zusätzlich zur Terminbestimmung auch ein Schreiben des Gerichts, aus dem sich sowohl die Höhe Ihrer Zahlungsverpflichtung als auch die Zahlungsmöglichkeiten ergeben.

Praxistipp

Die Zustellung vom Versteigerungsgericht, die Sie als Ersteher erhalten, besteht aus mehreren Schriftstücken, die alle von größter Wichtigkeit sind:
Der **Zuschlagsbeschluss** weist Sie als neuen Eigentümer aus und nennt die Bedingungen.
Die **Verteilungsterminbestimmung** legt fest, wann Sie das Meistgebot zahlen müssen.
Im so genannten **Ersteheranschreiben** (Näheres dazu in Kapitel 4) sind die Höhe Ihrer Zahlungspflicht berechnet und die Zahlungsmöglichkeiten genannt.

Was bei Nichtzahlung passiert

Liegt am Tag des Verteilungstermins kein Einzahlungsnachweis vor, und zahlen Sie im Termin nicht in bar, kommen erhebliche Unannehmlichkeiten auf Sie zu: Der Rechtspfleger macht Sie durch eine „**Forderungsübertragung**“ zum neuen Schuldner der Banken, die aus dem Versteigerungserlös etwas erhalten hätten. Die Gläubiger können dann unter erleichterten Bedingungen die so genannte **Wiederversteigerung** gegen Sie betreiben.
Auch dieser Vorgang wird in Kapitel 4 ausführlicher dargestellt.

Wie Sie als Ersteher in das Grundbuch kommen

Der letzte Akt …

Ist der Zuschlag rechtskräftig, das Verteilungsverfahren abgeschlossen, und haben Sie als Ersteher die Grunderwerbsteuer gezahlt, dann ersucht das Gericht das Grundbuchamt um **Grundbuchberichtigung**, nämlich:

- Eintragung des Erstehers als neuen Eigentümer
- Löschung des Zwangsversteigerungsvermerks
- Löschung aller Rechte, die Sie nach den Versteigerungsbedingungen nicht übernommen haben.

Nach Erhalt der entsprechenden Eintragungsnachricht des Grundbuchamtes ist das Verfahren nicht nur für das Versteigerungsgericht, sondern auch für Sie abgeschlossen. Allerdings sollten Sie zur Vervollständigung Ihrer Unterlagen beim Grundbuchamt einen kompletten Grundbuchauszug beantragen.

Praxistipp

Sie sollten die Grunderwerbsteuer möglichst umgehend nach Erhalt des entsprechenden Steuerbescheids zahlen, damit das Grundbuch bald auf Ihren Namen umgeschrieben werden kann und Ihre Finanzierungsrechte eingetragen werden. Manche Banken verlangen bis dahin höhere Darlehenszinsen! Sprechen Sie notfalls unter Vorlage des Zuschlagsbeschlusses persönlich bei dem zuständigen Finanzamt vor, falls sich die Erteilung des Grunderwerbsteuerbescheides dort verzögert.

In der nachfolgenden Übersicht ist der geschilderte Verfahrensablauf zusammengefasst:

Übersicht: der Ablauf des Versteigerungsverfahrens

Versteigerungsantrag eines Gläubigers
- Vollstreckungsvoraussetzungen

Anordnungsbeschluss
- Versteigerungsvermerk im Grundbuch
- Beschlagnahme
- Beitritt

Einstweilige Einstellung
- auf Antrag des sanierungsfähigen Schuldners
- auf Gläubigerbewilligung (max. 2-mal)
- Fortsetzung auf Gläubigerantrag

Verkehrswertfestsetzungsverfahren
- Gutachtenauftrag an Sachverständigen
- Vorlage des Gutachtens
- Anhörung der Beteiligten
- Verkehrswertfestsetzungsbeschluss

Versteigerungsterminbestimmung
- Zustellung an Beteiligte
- Veröffentlichung im amtlichen Bekanntmachungsblatt
- Aushang an Gerichtstafel
- Inserat in Tageszeitungen
- Publikation im Internet

Versteigerungstermin
- Bekanntmachungsteil
  - Versteigerungsbedingungen
  - Geringstes Gebot: Zu zahlender Teil und bestehen bleibende Rechte
- Bietzeit
  - Gebote
  - Vollmacht
  - Sicherheitsleistung
- Verhandlung über den Zuschlag und Entscheidung
  - Verkündungstermin oder Sachentscheidung
  - Zuschlagsversagung
    (5/10-Grenze, 7/10-Grenze, Einstellungsbewilligung des bestbetreibenden Gläubigers nach Schluss der Versteigerung)

Zuschlagserteilung
- Eigentumsübergang
- Zahlungspflichten des Erstehers
- Kündigung von Mietern/Pächtern
- Räumung des Schuldner-Eigentümers

Verteilungsverfahren
- Terminbestimmung Verteilungstermin
- Teilungsplan
- Erlöszahlung
- Nichtzahlung: Forderungsübertragung,
  Wiederversteigerung

Grundbuchberichtigung

Optimale Vorbereitung für Ihren Bieterfolg

Welche Informationsquellen Ihnen zur Verfügung stehen

Information ist alles!

Es kann nicht oft genug betont werden: Eine gründliche Vorbereitung ist Voraussetzung für Ihren Bieterfolg!

Dabei gilt es zwei Aspekte zu beachten:
- Sie müssen sich mit den Spielregeln des Versteigerungsverfahrens vertraut machen.
- Es ist wichtig, möglichst genau über das ins Auge gefasste Objekt Bescheid zu wissen.

Sicherlich kostet die erfolgreiche Teilnahme an einer Versteigerung mehr Zeit als der Immobilienkauf auf dem freien Markt. Dafür entschädigen Sie jedoch ein günstigerer Erwerbspreis und geringere Anschaffungsnebenkosten.

Nachdem Sie Ihre allgemeinen Überlegungen über die Art der Immobilie, die Sie erwerben wollen abgeschlossen haben, können Sie sich auf die Suche nach geeigneten Versteigerungsobjekten begeben.

Informationsquellen für Versteigerungstermine

- Gerichtstafel bei dem zuständigen Amtsgericht,
- Amtsblatt des Gerichtsbezirks,
- Internet,
- Lokalpresse,
- bei renditestarken Anlageobjekten oder hohen Verkehrswerten auch die überregionalen Zeitungen (Handelsblatt, FAZ, Süddeutsche etc.),
- Versteigerungskataloge gewerblicher Anbieter,
- Immobilienmakler.

Gerichtstafel

Um sich einen Überblick über die anstehenden Termine zu verschaffen, sind ein erster Besuch des zuständigen Amtsgerichts und ein Studium der Aushangtafeln ein guter Start. Alle zukünf-

tig stattfindenden Termine sind dort bis zum Terminstag ausgehängt.
Wenn Sie sich an der Gerichtstafel des Amtsgerichts klug machen möchten, genügt es wegen der vom Gericht einzuhaltenden Fristen, wenn Sie einmal im Monat die Aushänge studieren. Auf diese Weise können Sie keinen lukrativen Termin verpassen.

Wegweiser durch den Gerichtstafel-Dschungel

Bei den größeren Amtsgerichten, die ständig viele Vorgänge zu terminieren haben, gibt es aber einiges zu beachten. Bei Ihrem ersten Besuch sollten Sie sich bereits beim Betreten des Gebäudes an der Pforte oder am Auskunftsschalter erkundigen, wo sich die Aushänge der Zwangsversteigerungstermine befinden. Im günstigsten Fall sind diese in der Nähe der Service-Geschäftstellen untergebracht.

Die Gerichtstafel besteht in größeren Amtsgerichten nicht aus einer einzigen Tafel, sondern aus zahlreichen Glaskästen oder Wandbereichen. Sie beheimatet eine Vielzahl – auf den ersten Blick gleich aussehender – Schriftstücke, von denen nicht alle für Sie als Bietinteressent relevant sind:

> Bei Terminen „zur Verkündung einer Entscheidung über den Zuschlag“ oder „zur Verteilung des Versteigerungserlöses“ hat die Versteigerung schon stattgefunden!

Bei gut organisierten Amtsgerichten hängen diese Termine unter Hinweis darauf, dass es sich nicht um aktuelle Versteigerungstermine handelt, separat aus.

Die für Sie interessanten Versteigerungsterminbestimmungen sind untereinander allerdings nicht sortiert. Aufgrund zwingender organisatorischer Abläufe und Platzmangel können die Gerichte die Termine weder thematisch (nach der Art der zu versteigernden Immobilien) noch chronologisch ordnen. Es bleibt daher nur das systematische Studium aller Aushänge übrig. Es ist für Sie daher wichtig, den – immer gleichen – Aufbau der Terminbestimmungen zu kennen, damit Sie diese auf den ersten Blick für sich selektieren können.

Der gesetzlich genau vorgeschriebene Inhalt der Terminbestimmung sollte Sie als juristischen Laien nicht verschrecken. Damit Sie schon einmal üben können, hier ein **Beispiel für eine Terminbestimmung** einer Eigentumswohnung, wie sie bei jedem Amtsgericht aushängt:

Amtsgericht
Geschäfts-Nr. 84 K 210/03[1]
(Bitte bei allen Schreiben angeben)

40213 Düsseldorf, 9. Januar 2004
Mühlenstraße 34
Tel.: 02 11/83 06 – Durchwahl[2]

Zwangsversteigerung

Im Wege der Zwangsvollstreckung[3] am

Montag, 22. März 2004, 9:30 Uhr[4]

im Gerichtsgebäude des Amtsgerichts Düsseldorf

Amtsgericht Düsseldorf, Mühlenstraße 34, 1. Obergeschoss, Saal A 101[5]

soll das im Grundbuch von

Grundbuch von Derendorf Blatt 11233[6]

eingetragene Wohnungseigentum[7] versteigert werden.

Bezeichnung gemäß Bestandsverzeichnis:

> 123/1 000 Miteigentumsanteil an dem Grundstück
> **Gemarkung Derendorf, Flur 8, Flurstück 567,**
> **Gebäude- und Freifläche, Pfalzstraße 8, Größe 345 m²**
> verbunden mit dem Sondereigentum an der Wohnung im 1. Obergeschoss links nebst Kellerraum im Kellergeschoss, im Aufteilungsplan mit **Nr. 4** bezeichnet.[8]

Der Versteigerungsvermerk ist am **05.08.2003** eingetragen worden.[9]

Zu diesem Zeitpunkt eingetragen:
Siegfried Schuld, Musterstadt[10]

Der Verkehrswert wurde gemäß § 74 a Abs. 5 ZVG festgesetzt auf

185 000 €.[11]

Nach dem Sachverständigengutachten, das der Verkehrswertfestsetzung zugrunde liegt, handelt es sich um eine 3-Zimmer-Wohnung mit Küche, Diele, Bad, separatem WC und Balkon mit 80 m² Wohnfläche des Baujahres 1976.
Zur Wohnung gehört das Sondernutzungsrecht an einem Tiefgaragenstellplatz.[12]

13

Ist ein Recht in dem genannten Grundbuch nicht vermerkt oder wird ein Recht später als der Versteigerungsvermerk eingetragen, so muss die/der Berechtigte dieses Recht spätestens im Termin vor der Aufforderung zur Abgabe von Geboten anmelden. Sie/Er muss das Recht glaubhaft machen, wenn die Gläubigerin/der Gläubiger widerspricht. Das Recht wird sonst bei der Feststellung des geringsten Gebots nicht berücksichtigt und bei der Verteilung des Versteigerungserlöses dem Anspruch der Gläubigerin/des Gläubigers und den übrigen Rechten nachgesetzt.
Soweit die Anmeldung oder die erforderliche Glaubhaftmachung eines Rechts unterbleibt oder erst nach dem Verteilungstermin erfolgt, bleibt der Anspruch aus diesem Recht gänzlich unberücksichtigt.

Es ist zweckmäßig, schon zwei Wochen vor dem Termin eine genaue Berechnung des Anspruchs, getrennt nach Hauptbetrag, Zinsen und Kosten der Kündigung und der die Befriedigung aus dem Versteigerungsgegenstand bezweckenden Rechtsverfolgung, einzureichen und den beanspruchten Rang mitzuteilen. Die/Der Berechtigte kann die Erklärung auch zur Niederschrift der Geschäftsstelle abgeben.

Wer ein Recht hat, dass der Versteigerung des Versteigerungsgegenstandes oder des nach § 55 ZVG mithaftenden Zubehörs entgegensteht, wird aufgefordert, die Aufhebung oder einstweilige Einstellung des Verfahrens zu bewirken, bevor das Gericht den Zuschlag erteilt. Geschieht dies nicht, tritt für das Recht der Versteigerungserlös an die Stelle des versteigerten Gegenstandes.[14]

Genau
Rechtspfleger

Wie Sie die Terminbestimmung vollständig verstehen

Damit Sie die vorstehende Terminbestimmung richtig auswerten können, sind die einzelnen Bestandteile mit Ziffern markiert und nachfolgend im Einzelnen erläutert.

Auswertung der Terminbestimmung

1. Das Aktenzeichen ist die behördliche Kennziffer des Versteigerungsverfahrens. Wenn Sie bei Gericht mehr über das Objekt erfahren wollen, müssen Sie das Aktenzeichen immer parat haben.
   Die Gerichte organisieren sich nach „Abteilungen". Ihren Ansprechpartner für das Objekt finden Sie im konkreten Beispielsfall auf der Geschäftsstelle der Abteilung 84.

2. Hier gibt das Gericht Ihnen die Telefonnummer Ihres Ansprechpartners auf der zuständigen Geschäftsstelle bekannt, unter der Sie einen Termin zur Akteneinsicht abstimmen können.

3. An dieser Stelle beschreibt das Gericht die Verfahrensart. Der Normalfall ist die Zwangsvollstreckung auf Antrag eines Gläubigers.
   Es könnte hier jedoch auch heißen: „Zwangsvollstreckung zum Zwecke der Aufhebung der Gemeinschaft". In dieser so genannten Teilungsversteigerung sind die zu Ziffer 10 bezeichneten Miteigentümer Ihre Ansprechpartner, die sich über die Verwertung der Immobilie nicht einigen können.

4. Terminstag und Sitzungsbeginn, den Sie wegen der Bekanntmachungen auf jeden Fall pünktlich einhalten sollten.

5. Genauer Terminort und Sitzungssaal, in dem wahrscheinlich regelmäßig Versteigerungen stattfinden, die Sie zur Vorbereitung probeweise besuchen sollten.

6. Unter dieser Kennziffer, bestehend aus der Grundbuchgemarkung und der Grundbuchblattnummer, können Sie bei dem Grundbuchamt des Gerichts nötigenfalls wichtige

Unterlagen (z. B. Urkunden zu bestehen bleibenden Rechten oder bei Eigentumswohnungen die Teilungserklärung) einsehen.

7. Die schlagwortartige Bezeichnung des Versteigerungsobjekts. Hier ist es ein Wohnungseigentum (in der Wohnungswirtschaft auch Eigentumswohnung genannt). Denkbar sind an dieser Stelle auch Angaben wie Teileigentum (Ladenlokal, Büroeinheit, Garage oder Stellplatz), Grundstück oder Erbbaurecht.

8. An dieser Stelle beschreibt das Gericht das Objekt so, wie es im Grundbuch eingetragen ist.
   Bei einem Wohnungseigentum handelt es sich immer um einen Anteil an einem Grundstück, der mit dem Sondereigentum an einer ziffernmäßig näher bezeichneten Wohnung verbunden ist. Alle Räume, die im so genannten Aufteilungsplan in den Grundakten bei Gericht mit dieser Nummer (hier: 4) versehen sind, gehören zur Wohnung. Das Sachverständigengutachten enthält unter den Anlagen immer eine Kopie des entsprechenden Teils des Aufteilungsplans, aus dem Sie die konkrete Lage und den Zuschnitt der Wohnung entnehmen können.
   Der Miteigentumsanteil (hier: 123/1 000) gibt Ihnen bereits einen Anhaltspunkt über die Größe der Wohnungseigentümergemeinschaft. In unserem Beispielsfall wird es sich vielleicht um insgesamt acht Wohneinheiten handeln. Wird das ganze Grundstück versteigert, erschöpft sich die Grundbuchbezeichnung mit den Angaben über die Gemarkung, Flur, Flurstück, Straßenbezeichnung und Grundstücksgröße. Nur die Bezeichnung der so genannten Wirtschaftsart (im Beispielsfall „Gebäude- und Freifläche") gibt Aufschluss über eine mögliche Bebauung des Grundstücks.

9. Wann der Versteigerungsvermerk im Grundbuch eingetragen wurde, ist nur für die Grundbuchgläubiger von Bedeutung. Sie können anhand des Datums jedoch ablesen, wie lange das Verfahren bei Gericht bereits anhängig ist.

10. Hier ist der Eigentümer benannt, gegen den sich das Verfahren richtet. Mit dem Namen können Sie vor Ort bei der

Objektbesichtigung prüfen, ob das Objekt vom Eigentümer selbst genutzt wird oder ob es vermietet ist. Auch sollten Sie den Namen des Schuldners benennen können, wenn Sie mit der Gläubigerbank oder vielleicht mit dem Verwalter der Wohnungseigentümergemeinschaft Kontakt aufnehmen.

11. Der an dieser Stelle veröffentlichte Verkehrswert des Objekts ist für die von Ihnen zu leistende Sicherheit in Höhe von 10 % auch dann bindend, wenn das Gericht den Wert versehentlich tatsächlich abweichend von dem angegebenen Wert festgesetzt hat.

12. Viele Gerichte beschreiben an dieser Stelle der Terminbestimmung das Objekt ausführlich anhand des vorliegenden Gutachtens. Die Grundbuchbezeichnung zu Ziffer 8 allein bietet grundsätzlich nur unzureichende Hinweise auf die Art der Bebauung und die tatsächliche wirtschaftliche Nutzung des Grundstücks.

13. Hat bereits ein Versteigerungstermin stattgefunden, in dem das Gericht den Zuschlag versagen musste, weil eine der Grenzen nicht erreicht wurde, würde in der Terminbestimmung an dieser Stelle darauf hingewiesen. Der Hinweis lautet:
„Im Termin am ... ist der Zuschlag versagt worden, weil das abgegeben Meistgebot 5/10 (oder: 7/10) des festgesetzten Verkehrswertes nicht erreicht hat. 5/10- und 7/10-Grenze gelten daher nicht mehr.“

14. Diese Passage, in der das Gericht Gläubiger über mögliche Rechtsverluste aufklärt, ist für Sie als Bietinteressent ohne Bedeutung.

15. Hier erfahren Sie den Namen des zuständigen Rechtspflegers, der die Versteigerung durchführt und Ihnen auch im Vorfeld bei Fragen zur Verfügung steht.

Veröffentlichung im Amtsblatt

Eine bequemere und auch kostengünstige Alternative ist der regelmäßige Bezug des „Amtsblatts“. Das Gericht muss jede Versteigerung im Normalfall spätestens sechs Wochen vor dem Termin im für seinen Bezirk festgelegten Veröffentlichungsblatt (regional sehr unterschiedlich, in Nordrhein-Westfalen: „Regie-

rungsamtsblatt“) bekannt geben. Das wöchentlich erscheinende Amtsblatt enthält die Terminbestimmungen aller Amtsgerichte im jeweiligen Regierungsbezirk.
In der Veröffentlichung machen die Gerichte genau das bekannt, was sie auch an der Gerichtstafel aushängen.

> ***Praxistipp***
> Sie sollten sich bei der Zwangsversteigerungsgeschäftsstelle Ihres Amtsgerichts erkundigen, in welcher Tageszeitung, an welchem Wochentag und unter welcher Rubrik dort die Termine bekannt gegeben werden. So stellen Sie sicher, über alle Termine informiert zu sein.

Leider wird das Objekt in der veröffentlichten Terminbestimmung häufig nur so beschrieben, wie es im Grundbuch verzeichnet ist. Ihren Ansprüchen als Bietinteressent genügt das natürlich nicht, da die tatsächliche Bebauung eines Grundstücks oder die Größe und Raumaufteilung einer Eigentumswohnung sich häufig nicht aus der Veröffentlichung erkennen lassen.

Lokalpresse

Anders bei den Veröffentlichungen in der Lokalpresse: Hier präsentieren die Amtsgerichte die Versteigerungsobjekte zumeist marktgerecht. Die Anzeigen ähneln im Idealfall denen der Makler und enthalten Angaben über die Größe der Wohnfläche, Anzahl der Räume, Raumaufteilung und Baujahr.

> **84 K 210/03**
> Im Wege der Zwangsvollstreckung soll am
> **Montag, 22. März 2004, 9.30 Uhr,**
> im Gebäude des Amtsgerichts Düsseldorf, Mühlenstraße 34, 1. Obergeschoss, Saal A 101 versteigert werden: Eigentumswohnung in Düsseldorf-Derendorf, Pfalzstraße 8,
> 1. Obergeschoss links, 3 Zimmer, Küche, Diele, Bad, WC, Balkon, 80 m^2 Wohnfläche, Baujahr 1976,
> Verkehrswert: 185 000 € inkl. Tiefgaragenstellplatz.

Inserate der Gläubigerbanken

Sofern in den Inseraten nicht ausdrücklich das Versteigerungsgericht als Auftraggeber genannt ist, kann es sich auch um private Anzeigen des Gläubigers oder (sehr viel seltener) des Schuldners handeln. Für die Beteiligten ist das in ihrem Interesse durchaus legitim; als Interessent dürfen Sie jedoch nicht immer auf die Richtigkeit der Angaben vertrauen und müssen die Angaben anhand des Gutachtens und der amtlichen Veröffentlichungen überprüfen.

Praxistipp

Mit einem Internetanschluss sind Sie sicherlich am besten informiert. Es gibt zwischenzeitlich zahlreiche gewerbliche Anbieter. Aber auch die Gerichte haben ihren Service via Internet erheblich verbessert. Größere Amtsgerichte haben bereits ihre eigene Homepage, auf der Sie auf Internetveröffentlichungen von Versteigerungsterminen aufmerksam gemacht werden.
Oder Sie lassen sich bei der Geschäftsstelle ihres Gerichts die Domain nennen, unter der das Gericht seine Versteigerungstermine in das Internet einstellt.

Derzeit beginnen die Gerichte sogar damit, neben den Terminen auch die Gutachten über die Versteigerungsobjekte im Internet für Sie zu veröffentlichen. Ein Download der Gutachten ist kostenlos. So können Sie von zu Hause aus bequem alle Termine und zukünftig auch alle Gutachten studieren. Der große Vorteil ist die Aktualität: Fällt ein Versteigerungstermin kurzfristig aus wird dies im Internet – und sonst nirgendwo – bekannt gemacht.

Versteigerungskataloge

Eine bequeme, aber kostspielige Methode, sich über Versteigerungstermine zu informieren, sind die von Spezialverlagen herausgegebenen Versteigerungskalender oder -kataloge. Sie sind mehr etwas für Profis, weil sie die Termine ganzer Bundesländer zusammenfassen, die ansonsten aus zahlreichen Amtsblättern zusammengestellt werden müssten.

Immobilienmakler

Auch Immobilienmakler bieten gelegentlich Versteigerungsobjekte an. Erkundigen Sie sich immer, wer Auftraggeber des Maklers ist. Handelt er ohne Auftrag, ist Vorsicht geboten. Als Interessent sollten Sie die Erwerbsnebenkosten nicht unnötig durch Provisionsansprüche von Maklern erhöhen. Der Makler kann Ihnen den Zuschlag des Versteigerungsgerichts schließlich nicht verschaffen. Alle Informationen, die Sie benötigen, können Sie auch selbst besorgen!
Handelt er hingegen auf Veranlassung der Gläubigerbank, um Bietinteressenten zu akquirieren, werden seine Bemühungen in aller Regel auch von der Bank vergütet. Klären Sie jedoch auch in diesem Fall immer die Frage nach der Courtage.

Wie Sie sich weitere Informationen beschaffen: die Akteneinsicht bei Gericht

Vorauswahl durch Außenbesichtigung

Haben Sie interessante Termine für sich entdeckt, sollten Sie vor zeitaufwendigen weiteren Ermittlungen die Objekte zunächst von außen besichtigen und eine Vorauswahl treffen. Bei dieser Gelegenheit können Sie auch sofort feststellen, ob das Objekt leer steht, vom Schuldner bewohnt wird oder vermietet ist. Erst dann beginnt Ihre Hauptaufgabe: das Beschaffen von Informationen über das ausgewählte Objekt beim Versteigerungsgericht.

Anlaufstelle Serviceeinheit

Das Herzstück jeder Versteigerungsabteilung und die erste Anlaufstation für Sie als Bietinteressent ist die Service-Geschäftsstelle. Die dortigen Servicekräfte geben telefonisch oder persönlich Auskünfte zu den anstehenden Versteigerungsterminen, erläutern den grundsätzlichen Verfahrensablauf und ermöglichen vor Ort die Einsicht in wesentliche Bestandteile der Gerichtsakte wie z. B. das Verkehrswertgutachten.

Praxistipp

Als Bietinteressent können Sie diese Unterlagen selbstverständlich beim zuständigen Amtsgericht einsehen, und zwar auf der Serviceeinheit für Zwangsversteigerungen. Bevor Sie sich aber auf den Weg machen, sollten Sie telefonisch mit dem Sachbearbeiter Kontakt aufnehmen und sich über Öffnungszeiten und örtliche Gepflogenheiten informieren. Einige, insbesondere größere Gerichte halten ständig alle Gutachten für Sie zur Einsicht bereit. Bei kleineren Gerichten kann es Ihnen passieren, dass Sie die Einsicht immer vorher telefonisch abstimmen müssen. Denn die Unterlagen, die von Ihnen eingesehen werden dürfen, sind Bestandteil der Gerichtsakte, die gerade vor dem Versteigerungstermin ständig zwischen Rechtspfleger und der Serviceeinheit hin und her wandert.

Akteneinsicht

Ihr Akteneinsichtsrecht ist in § 42 ZVG geregelt. Danach dürfen Sie nicht die gesamte Akte einsehen, weil Sie nicht am Verfahren beteiligt sind. Gerichte, die den für Sie einsehbaren Akteninhalt nicht von den anderen Aktenbestandteilen trennen, reduzieren Ihr Einsichtsrecht aus praktischen Gründen auf das Verkehrswertgutachten. Diese Handhabung ist nicht korrekt. Weisen Sie die Servicekraft darauf hin, dass Sie die in der nachfolgenden Checkliste bezeichneten Unterlagen einsehen können.

Welche Unterlagen Sie einsehen dürfen

Einsicht nehmen dürfen Sie insbesondere in
- den Grundbuchauszug,
- das Verzeichnis der im Grundbuch eingetragenen Berechtigten und Gläubiger,
- das gerichtliche Verkehrswertgutachten,
- die Anmeldungen von Mietern und Pächtern über etwaige Mietvorauszahlungen und Baukostenzuschüsse (in diesen Fällen kann Ihr Ausnahmekündigungsrecht hinausgeschoben sein),
- die Anmeldungen sämtlicher Beteiligten, insbesondere der Gläubiger zum Versteigerungstermin.

Wie Sie das Gutachten richtig auswerten

Wichtigste Informationsquelle: das Gutachten

Die für Sie wichtigste Informationsquelle ist zweifellos das Verkehrswertgutachten. Der Sachverständige ermittelt in diesem Gutachten nicht nur den Verkehrswert, der für die Immobilie auf dem freien Markt tatsächlich erzielbar wäre. Er beschreibt das Objekt auch in allen Einzelheiten und liefert Ihnen wichtige Fakten wie Wohnfläche, Raumaufteilung oder Ausstattung.

Wie Sie an das Gutachten kommen – der günstigste Weg

Wenn Sie das Gutachten im Gericht einsehen wollen, halten Sie immer das **Aktenzeichen** (im Beispielsfall „84 K 210/03“) parat, denn die zuständige Serviceeinheit ordnet die Verfahren ausschließlich danach, nicht etwa nach der Lagebezeichnung des Objekts.

Steht das Gutachten nicht bereits im Internet zur Einsichtnahme und zum Download zur Verfügung, ist es für Sie am bequemsten, sich das Gutachten von der betreibenden Gläubigerin zu beschaffen. Welche Bank das Verfahren in Gang gesetzt hat, erfahren Sie auf der Serviceeinheit. Lassen Sie sich dort die Telefonnummer, das Zeichen der Bank und den Sachbearbeiter nennen. Der Bankenvertreter, mit dem Sie ohnehin Kontakt aufnehmen sollten, wird aus eigenem Interesse gerne bereit sein, Ihnen eine Kopie des Gutachtens zu übersenden.

Schwierigkeiten werden Sie allenfalls dann bekommen, wenn Behörden oder Privatpersonen (z. B. in Teilungsversteigerungen) das Verfahren betreiben. Dann bleibt Ihnen aber immer noch die Möglichkeit das Gutachten auf der Geschäftsstelle einzusehen oder dort eine Kopie zu beantragen, die von den meisten Gerichten gegen Auslagenerstattung (0,50 € pro Seite) auch erteilt wird.

Begriffsbestimmungen: Sach-, Ertrags- und Verkehrswert

Wie der Gutachter methodisch vorgeht

Damit Sie das Gutachten verstehen und nachvollziehen können, sollen hier die Methoden, mit denen der Gutachter den Verkehrswert ermittelt, kurz vorgestellt werden: In einem Gutachten über ein **bebautes Grundstück** errechnet der Sachverständige zunächst den **Bodenwert** als Wert des Grundstücks. Dabei greift er auf den so genannten Bodenrichtwert zurück, den die Gemeinden aus Kaufpreissammlungen pro Quadratmeter ermitteln und in einer Karte veröffentlichen. Aus Gründen der Vergleichbarkeit ist das Bodenrichtwertgrundstück standardisiert. Weicht das Bewertungsgrundstück von seiner Form oder seiner Ausnutzung (Verhältnis von Grund- und Wohnfläche des Gebäudes zur Grundstücksgröße) von diesem Standard ab, muss der Gutachter den Bodenwert entsprechend erhöhen oder auch ermäßigen. Auch bei **Eigentumswohnungen** errechnet er so den Bodenwert, bringt aber nur den auf die Wohnung entfallenden Miteigentumsanteil laut Grundbuch (im Beispiel: 123/1 000) in Ansatz.

Die drei Bewertungsmethoden

Für das **Gebäude** oder die **Eigentumswohnung** ermittelt er sodann aufgrund genau geregelter Bewertungsmethoden drei verschiedene Werte:

- **Vergleichswert**
  Wie beim Bodenwert errechnet der Sachverständige den Vergleichswert pro Quadratmeter Wohnfläche des Gebäudes oder der Wohnung anhand eines Vergleichspreises, den er aus Kaufpreissammlungen entnimmt. Gutachterausschüsse von Städten und Gemeinden verfahren häufig ausschließlich nach dieser sehr einfachen, aber auch ungenauen Methode.
- **Sachwert**
  Er setzt sich aus den Herstellungskosten für das Gebäude (pro Kubikmeter umbauten Raum), dem Wert der Außenanlagen und den pauschalierten Baunebenkosten zusammen und berücksichtigt die Alterswertminderung. Der so ermittelte so genannte Bauwert zuzüglich des Bodenwerts ergibt den Sachwert des Objekts.
- **Ertragswert**
  Hier errechnet der Gutachter den Jahresreinertrag bezogen auf das Gebäude (Miete abzüglich Bewirtschaftungskosten und Zinsen für das Grundstück), rechnet diesen Wert auf die

Restnutzungsdauer hoch und addiert ebenfalls den Bodenwert.

Die umstrittenste Methode ist die **Vergleichswertermittlung**, denn jeder Vergleich hinkt – und das gilt insbesondere für bebaute Grundstücke und Eigentumswohnungen. Unterschiedliche Bewertungskriterien wie Lage, Baujahr, Ausstattung oder Grundrisslösung schließen eine Vergleichbarkeit regelmäßig aus. Nur für die Ermittlung des Bodenwertes bei **unbebauten Grundstücken** bietet der Vergleichswert eine zuverlässige Bewertungsgrundlage.

Praxistipp

Basiert der Verkehrswert eines bebauten Grundstücks ausschließlich auf einem ermittelten Vergleichswert, ist Vorsicht geboten. Prüfen Sie selbst die **Vergleichbarkeit** der herangezogenen Objekte. Achten Sie insbesondere auf die Objektlagen, aber auch darauf, wann der Kaufpreis für das Vergleichsobjekt gezahlt wurde, denn auch die Marktsituation muss vergleichbar sein.

Sach- oder Ertragswert

Für die richtige Festsetzung des Verkehrswertes sind daher die ermittelten Sach- und Ertragswerte zuverlässiger, die sich in ihrer Aussage deutlich voneinander unterscheiden:
Der Sachwert spiegelt den Substanzwert der Immobilie wider, der Ertragswert allein deren Rentabilität.
Der Sachverständige muss sich für einen der beiden Werte, die erheblich voneinander abweichen können, entscheiden. Dafür gelten folgende Regeln:

- Bei Objekten, die der Eigentümer üblicherweise selbst nutzt, bildet der **Sachwert** die Grundlage für den Verkehrswert. Beispiele: frei stehendes Einfamilienhaus, Reihenhaus, großzügige Eigentumswohnung.
- Bei Objekten, die marktüblich der Kapitalanlage dienen, ist der **Ertragswert** für den Verkehrswert heranzuziehen. Beispiele: Mehrfamilienhaus, Wohn- und Geschäftshaus, Gewerbeimmobilien, Apartment in einem Studentenwohnheim.

Unabhängig von der Objektart ermittelt der Sachverständige grundsätzlich zu Kontrollzwecken immer beide Werte. Er kann in Grenzfällen (z. B. 3-Familien-Haus, 40 m^2 große 2-Zimmer-Wohnung) auch beide Werte in den Verkehrswert einfließen lassen (z. B. Verkehrswert = 3/4 Sachwert und 1/4 Ertragswert).

Die immer noch in Bankgutachten grundsätzlich angewandte **Mittelwertmethode** (Verkehrswert = $^1/_2$ Sachwert und $^1/_2$ Ertragswert) führt aber nicht automatisch zum richtigen Verkehrswert! Welche für Sie wichtigen Daten Sie aus dem Gutachten zusammenstellen müssen, können Sie der folgenden **Arbeitshilfe** entnehmen.

Arbeitshilfe: Gutachtenauswertung

Allgemeines

Objektlage ....
Bewertungsstichtag ....
Gutachter .... Auftraggeber: Gericht/Gläubiger
Innenbesichtigung: ja/nein

Objektdaten

Grundstücksgröße .... Baujahr ....
Geschosszahl .... umbauter Raum .... m²
Wohnfläche .... m², davon Balkon oder Terrasse .... m²
Nutzfläche .... m² Kellerraum ....
Garage/Stellplatz ....
Tatsächliche Miete .... €/m²
Nachhaltig erzielbare Miete .... €/m²
Bei ETW: Anzahl der Wohneinheiten insgesamt ....
Bei ETW: WEG-Verwalter .... Telefon-Nr. ....

Aufbauten

Raumaufteilung ....
Wohnflächenberechnung der Einzelräume ....
Ausstattung: Heizung ....
Warmwasserversorgung ....
Sanitär ....
Fenster/Türen ....
Pflege des Objekts: gut/mittel/schlecht
Wertbeeinflussende Schäden ....
Besonderheiten (Wohnungsbindung, Altlasten, Baulasten etc.) ....
....

Werte

Bodenwert .... €
Sachwert .... €
Ertragswert .... €
Zu- oder Abschläge (Marktanpassung) .... €
Verkehrswert (nach ______-wert) .... €
Kontrolle: Gutachtenwert vom Gericht in dieser Höhe festgesetzt? ja/nein

Der Verkehrswert auf dem Prüfstand

Kritische Prüfung des ermittelten Verkehrswertes

Der vom Gutachter ermittelte Verkehrswert spielt nicht nur für die Gläubigerbank mit ihren Verwertungserwartungen im Verfahren, sondern auch für Sie eine entscheidende Rolle. Er ist die Basis für Ihr Gebotslimit, das Sie sich setzen. Sie messen Ihren persönlichen Bieterfolg im Versteigerungstermin am festgesetzten Verkehrswert, wenn es Ihnen z. B. gelingen sollte, das Objekt „30 % unter Wert“ zu ersteigern.
Aber wer garantiert Ihnen, dass der Schätzwert, den der Rechtspfleger als Verkehrswert festsetzt, auch der richtige ist? Die Praxis zeigt: Drei verschiedene Gutachter kommen zu drei unterschiedlichen Werten, die nicht selten erheblich voneinander abweichen!
Außerdem wird der Sachverständige mit einem zu hoch ermittelten Wert weder bei der Gläubigerbank noch bei dem Schuldner auf Kritik stoßen. Bei einem zu niedrig ermittelten Wert hingegen wird es von allen Seiten Widersprüche hageln.
Die Schätzwerte der gerichtlich bestellten Gutachter, die schließlich öffentlich bestellte und vereidigte Sachverständige sind, sollen hier nicht schlecht geredet werden, aber als Bietinteressent sollten Sie das Schätzergebnis immer kritisch unter die Lupe nehmen!

Praxistipp

Vorsichtig müssen Sie immer dann sein, wenn das Gericht das Beleihungsgutachten einer Bank für die Verkehrswertfestsetzung herangezogen hat.
Achten Sie unbedingt auch auf das Alter des Gutachtens, das Sie anhand des Bewertungsstichtags ermitteln können. Stellen Sie fest, ob der Sachverständige das Objekt auch von Innen besichtigt hat oder sein Gutachten nur anhand

der Bauakten fertigen musste. Denn weder Schuldner noch Mieter sind verpflichtet dem Gutachter Zutritt zu verschaffen. Mangels konkreter Anhaltspunkte muss der Gutachter dann von einem normalen Pflegezustand ausgehen. Sie können dann nur mit einem Sicherheitsabschlag auf Ihr Gebotslimit reagieren.

Auf welche Besonderheiten Sie achten müssen

Besonderheiten des Objekts

Aber auch mit Besonderheiten des Bewertungsobjekts müssen Sie sich auseinander setzen. Das Gutachten sollte in Zweifelsfällen immer Angaben zu einer möglichen **Wohnungsbindung** durch Finanzierung mit öffentlichen Mitteln enthalten. Sie können dann nämlich bis zum Ablauf der Bindungsfrist nur die Kostenmiete verlangen.
Oder es ergeben sich aus dem **Baulastenverzeichnis** Verpflichtungen aus öffentlichem Baurecht (in Großstädten häufig: notwendige Kfz-Stellplätze, die Sie zur Verfügung stellen müssen).
Auch das **Altlastenkataster** muss der Sachverständige eingesehen haben, wenn er eine Bodenverunreinigung nicht ausschließen kann.

Achten Sie bei einer Eigentumswohnung darauf, ob der Sachverständige die Teilungserklärung auf **Sondernutzungsrechte** hin überprüft hat: Zur Wohnung könnten ein Stellplatz in der Tiefgarage - wie in unserem Beispielsfall – oder das alleinige Gartennutzungsrecht gehören. Sondernutzungsrechte werden in der Praxis sowohl von den Gerichten als auch von den Sachverständigen häufig vernachlässigt, weil sie nicht aus dem Objektgrundbuch selbst ersichtlich sein müssen. Sie ergeben sich aus der bei dem Grundbuchamt auch von Ihnen als Bieter einsehbaren Teilungserklärung.

Praxistipp

Auch Fragen zu Besonderheiten des Bewertungsobjekts wird Ihnen der Rechtspfleger beantworten. In Einzelfällen kann es sinnvoll sein, selbst mit den jeweiligen Behörden Kontakt aufzunehmen.

Hier die zuständigen Ansprechpartner:

Behörde	**Zuständigkeiten**
Bauamt	Planunterlagen, Baugenehmigungen
Bauaufsichtsamt	Baulastenverzeichnis
Wohnungsamt	Wohnungsbindung
Untere Wasserbehörde	Altlastenkataster
Grundbuchamt	Teilungserklärung

Verkehrswert und Marktsituation

Da der Verkehrswert auch die allgemeine Angebots- und Nachfragesituation auf dem Immobilienmarkt widerspiegeln soll, muss er einem Vergleich mit den auf dem freien Markt erzielbaren Kaufpreisen standhalten. Der Gutachter kann daher mit **Marktanpassungszu- oder -abschlägen** auf Missverhältnisse reagieren.

Aber bedenken Sie: Die vom Gericht eingesetzten vereidigten Gutachter sind zumeist Bausachverständige und keine Makler. Auf kurzfristige Veränderungen am Immobilienmarkt reagieren Sie daher verspätet, Marktanpassungen des ermittelten Wertes durch Zu- oder Abschläge erfolgen selten. Verkehrswerte für stark nachgefragte Objekte in guten Lagen fallen gemessen an den Versteigerungsergebnissen daher eher zu niedrig aus. Das Umgekehrte gilt leider für weniger gefragte Objekte in schwächeren Lagen. Die Praxis zeigt, dass die Versteigerungsergebnisse von nach wie vor gesuchten Einfamilienhäusern die festgesetzten Verkehrswerte häufig deutlich übersteigen. Für Sie als Bieter kann deshalb je nach Marktsituation der Erwerb auch in Höhe des Verkehrswertes noch ein Schnäppchen bedeuten.

Was tun, wenn der Wert zu hoch ist

Naturgemäß werden aber Ihre individuellen Wertvorstellungen als Bieter unter den ermittelten Verkehrswerten liegen. Einfluss auf den festgesetzten Verkehrswert können Sie nicht nehmen, nur den Verfahrensbeteiligten steht ein Rechtsmittel gegen die Festsetzung zu. Sie müssen durch Ihr persönliches Gebotslimit auf den Ihrer Auffassung nach unrichtigen Wert reagieren.

Aber Achtung: Der vom Rechtspfleger festgesetzte Wert kann durchaus vom ermittelten Schätzwert des Gutachters abweichen, etwa wenn die Beteiligten Gegenvorstellungen erhoben haben, denen sich das Gericht angeschlossen hat. Vergleichen Sie daher immer den Wert laut Gutachten mit dem in der Terminbestimmung bekannt gegebenen Verkehrswert. Die anschließende **Checkliste** wird Ihnen helfen, das Gutachten kritisch zu überprüfen und dabei an alles zu denken. Achten Sie insbesondere auf eine durchgeführte Innenbesichtigung und die vom Sachverständigen durchgeführte Ermittlungsmethode.

Checkliste: Verkehrswert

- **Allgemeines**
  - Alter des Gutachtens?
  - Innenbesichtigung durchgeführt?
  - Mängel ausgewiesen?
  - Wer sind der Gutachter und sein Auftraggeber? (Gericht, Gläubiger)

- **Sachwert**
  - Herstellungskosten für Kubikmeter umbauten Raums angemessen?
  - Zuschlag für Baunebenkosten adäquat? (ca. 20 %)
  - Abschlag für Alterswertminderung realistisch?
  - Bodenwert pro Quadratmeter entsprechend Bodenrichtwert?

- **Ertragswert**
  - Nachhaltig erzielbare Miete pro Quadratmeter realistisch? (Mietrichtwerttabelle)
  - Weicht die tatsächlich erzielte Miete davon ab?
  - Bewirtschaftungskosten in richtiger Höhe abgezogen? (ca. 15–20 %)

- **Vergleichswert**
  - Als Anhaltspunkt ausgewiesen?
  - Vergleichbarkeit der ausgewiesenen Objekte gegeben?
  - Für Verkehrswert brauchbar?

- **Verkehrswert**
  - Richtige Bewertungsmethode herangezogen?
    - 1- und 2-Familien-Haus, ETW: Sachwert
    - Mehrfamilienhaus: Ertragswert
    - Unbebaute Grundstücke: Vergleichswert
  - Mängelabschläge aufgenommen?
  - Marktanpassungszu- oder -abschlag vorgenommen?
  - Verkehrswert marktgerecht?

- **Besonderheiten**
  - Wohnungsbindung?
  - Baulasten?
  - Altlasten?
  - Sondernutzungsrechte?

Wie Sie die richtige Gläubigerbank ermitteln

Ermittlung der bestbetreibenden Gläubigerbank

Sofern noch nicht geschehen sollten Sie sich vor der Auswertung weiterer Unterlagen auf der Serviceeinheit oder notfalls beim Rechtspfleger selbst nach der **bestrangig betreibenden Gläubigerbank** erkundigen. Der Sachbearbeiter der bestbetreibenden Gläubigerbank ist der für Sie wichtigste Ansprechpartner – nicht nur für eine kostenlose Gutachtenkopie: Nach dieser Gläubigerin richtet sich die für Sie wichtige Frage, ob Sie **Rechte übernehmen** müssen. Auch die **Zuschlagsentscheidung** im Versteigerungstermin hängt von dem Verhalten dieser Gläubigerin ab, da die Bank durch eine Einstellungsbewilligung den Zuschlag an Sie verhindern kann.

Einsicht der Anmeldungen und der Beschlüsse

Zu den bei Gericht für Sie einzusehenden Unterlagen gehören auch die Anmeldungen der Gläubigerbanken zum Versteigerungstermin. Auch die entsprechenden Anordnungs- oder Beitrittsbeschlüsse, die sie ebenfalls einsehen dürfen, sind für die Berechnung der Forderungen der Gläubiger im Termin maßgeblich.
Die aus den Unterlagen ersichtlichen Forderungssummen sollten Sie jedoch nicht abschrecken.
Anordnungs- oder Beitrittsbeschluss sowie die Forderungsanmeldung sagen nichts über die Höhe der tatsächlichen Schuld aus.
Meist ist der Grundschuldrahmen, den die Banken zunächst einmal voll ausnutzen, viel höher als die restliche Darlehensforderung. Besonders deutlich wird das am Beispiel des Zinssatzes: Als Grundschuldzinsen sind meist 15 oder 18 % im Grundbuch eingetragen, damit die Gläubigerin über die gesamte Kreditlaufzeit für jede Zinsentwicklung abgesichert ist, während die tatsächlichen Darlehenszinsen zurzeit weit darunter liegen.

Praxistipp

Ermitteln Sie den Machthaber des Verfahrens und nehmen Sie unbedingt bereits vor dem Versteigerungstermin mit dem betreibenden Hauptgläubiger Kontakt auf. Weil der Gläubiger fast immer mit einem Teilausfall seiner Forderung in der Versteigerung rechnen muss, sollten Sie im Gespräch versuchen herauszufinden, wie hoch die tatsächliche Darlehensforderung noch ist, und welches

Gebot der Gläubiger im Versteigerungstermin erwartet. Denn der vom Ausfall bedrohte Gläubiger ist häufig auch Ihr stärkster Bietkonkurrent. Er kann bis zu einem für ihn akzeptablen Ergebnis mitbieten oder das Verfahren noch nach Schluss der Bietzeit einstellen, um den Zuschlag an Sie zu verhindern. Nur wenn Sie seine „Schmerzgrenze" kennen, können Sie richtig reagieren.

Lassen Sie sich nicht abschrecken

Sie sollten sich nicht durch eine hohe Vorgabe des Gläubigers von der Teilnahme am Termin oder der Abgabe von Geboten abhalten lassen. Nicht selten muss der Gläubiger überhöhte Erwartungen korrigieren. Behalten Sie die Nerven, pokern Sie mit! Außer eventuell für die vergeblich bereitgehaltene Sicherheitsleistung entstehen Ihnen keine Kosten, falls Sie nicht zum Zuge kommen.

Das Grundbuch – kein Buch mit sieben Siegeln

Wie Sie das Grundbuch richtig auswerten

Das Grundbuch gliedert sich in vier Abschnitte: In

- das **Bestandsverzeichnis**, in dem das Versteigerungsobjekt mit seiner katasterrechtlichen Bezeichnung beschrieben ist,
- die **Abteilung I**, aus der sich der Eigentümer und Schuldner des Verfahrens ergibt,
- die **Abteilung II** mit den Rechten ohne Geldbetrag und
- die **Abteilung III** mit Rechten, die mit ihrem Geldbetrag eingetragen werden.
- Die Abteilung III enthält auch die in der Versteigerung wichtigen Grundschulden und Hypotheken, aus denen die Gläubigerbanken regelmäßig das Verfahren betreiben.

Praxistipp

Als Bietinteressent werden Sie bei Einsicht in den Grundbuchauszug bei dem Amtsgericht darauf stoßen, dass das Versteigerungsobjekt mit zahlreichen Rechten belastet ist, häufig „bis über den Schornstein".

In der weitaus größten Zahl der Fälle haben Sie jedoch als Ersteher mit diesen Belastungen nichts zu tun: Wenn der in Abteilung III des Grundbuchs an erster Rangstelle stehende Gläubiger das Verfahren betreibt, erlöschen alle nachrangigen Rechte und werden entsprechend ihrer Rangfolge aus dem Versteigerungserlös, den Sie zahlen müssen, bedient.

Bestehen bleibende Rechte in Abteilung II?

Allerdings gibt es auch Verfahren, in denen Rechte – hauptsächlich der Abteilung II des Grundbuchs – bestehen bleiben. Dies wird im jeweiligen Einzelfall vom Rechtspfleger als Teil der Versteigerungsbedingungen im Termin bekannt gegeben.

Praxistipp

Konzentrieren Sie sich auf die für Sie wesentlichen Informationen aus dem Grundbuch und halten Sie die Ergebnisse – z. B. mit dem anschließenden Arbeitsbogen „Erkenntnisse aus der Gerichtsakte" – schriftlich fest.
Bei den Grundschulden und Hypotheken müssen Sie Ihre Aufmerksamkeit allein auf die Gläubigerbanken richten, die mit ihren Forderungen innerhalb des Verkehrswertes liegen.
Wichtig: Alle im Grundbuchauszug unterstrichenen Eintragungen sind nicht etwa von besonderer Bedeutung, im Gegenteil: Sie gelten nicht mehr. Der vorherige Eigentümer z. B. ist ebenso wie eine gelöschte Grundschuld durch Unterstreichungen gekennzeichnet.

Müssen Sie Rechte übernehmen?

Alle vorgehenden Rechte bleiben bestehen

In Kapitel 2 wurden die Mechanismen des geringsten Gebots mit bestehen bleibenden Rechten bereits erläutert. Nur noch einmal zur Erinnerung: Das ZVG bestimmt, dass **alle** dem bestbetreibenden Gläubiger im Rang **vorgehenden Rechte bestehen bleiben**, damit diese kein Ausfallrisiko trifft. Nur wenn die erstrangige Bank das Verfahren betreibt, können Sie die Immobilie lastenfrei erwerben. Aber keine Angst: Der Rechtspfleger gibt natürlich im Versteigerungstermin verbindlich bekannt, ob bestehen bleibende Rechte auf Sie zukommen.

Bei bestehen bleibenden Rechten müssen Sie wie folgt bieten:

- Geboten wird immer nur das zu zahlende Bargebot!
- Bleiben Rechte bestehen, müssen Sie diese Rechte bei Abgabe Ihres Gebotes einkalkulieren.

- Den von Ihnen gebotenen Betrag müssen Sie **zusätzlich** zu dem übernommenen Recht an das Gericht zahlen.

Ihre Kalkulation

Beispiel	
Verkehrswert	200 000 €
Ihr persönliches Limit	160 000 €
Bestehen bleibende Grundschuld	50 000 €
Sie dürfen nur bieten	110 000 €

Bleiben Grundschulden oder Hypotheken bestehen, ist diese Rechnung sehr einfach.

Rechte der Abteilung II

Problematischer wird es, wenn Sie **Rechte der Abteilung II** als bestehen bleibend ins Kalkül ziehen müssen. Diese lauten nicht wie Grundschulden auf Zahlung eines bestimmten Geldbetrages. Ihr genauer Inhalt ergibt sich auch nicht unmittelbar aus dem Grundbuch. Dort ist nur ein Schlagwort, z. B. „Grunddienstbarkeit – Geh- und Fahrrecht –“ eingetragen. Was Sie als zukünftiger Eigentümer durch Übernahme dieses Rechts dulden müssen, ergibt sich aus der Urkunde, mit der das Recht bestellt wurde. Diese so genannte **Bewilligung** befindet sich in den Grundakten, die beim Grundbuchamt geführt werden. Spätestens im Versteigerungstermin sollte Ihnen das Versteigerungsgericht die Möglichkeit geben, diese einzusehen, damit Sie sich über die wirtschaftliche Tragweite der zu übernehmenden Belastung klar werden können.

Zuzahlungsbetrag

Eine Orientierungshilfe für den Belastungswert bestehen bleibender Rechte der Abteilung II gibt Ihnen auch die Festsetzung des so genannten **Zuzahlungsbetrages** durch den Rechtspfleger im Versteigerungstermin. Sollte sich nach dem Versteigerungstermin herausstellen, dass z. B. ein übernommenes Wohnungsrecht zum Zeitpunkt des Zuschlags bereits erloschen war, weil der Berechtigte vor dem Zuschlag verstorben ist, hat der Ersteher, der das Recht bei Abgabe des Gebots einkalkuliert hat, einen wirtschaftlichen Vorteil. Um das zu verhindern, setzt das Gericht im Versteigerungstermin den Zuzahlungsbetrag fest, den Sie als Ersteher aber nur in diesem Fall nachzahlen müssen.

Zuzahlung ist häufig nur Theorie

Dieser Punkt im Terminablauf verunsichert die Bietinteressenten oft unnötigerweise. In der großen Mehrzahl der Fälle hat die Festsetzung des Zuzahlungsbetrages nämlich nur theoretische Bedeutung.

Als Erwerber müssen Sie sich im Normalfall darauf einrichten, dass die Belastung der Abteilung II im Grundbuch eingetragen bleibt und von Ihnen zu übernehmen ist. Die Wahrscheinlichkeit, dass ein solches Recht im Zeitpunkt des Zuschlags keinen Bestand mehr hatte und Sie als Ersteher deshalb nachzahlen müssen, ist ziemlich gering. Meist handelt es sich auch um Dienstbarkeiten, die das Grundstück wirtschaftlich nicht nennenswert belasten. Entsprechend niedrig, z. B. 50 oder 100 €, fällt der Zuzahlungsbetrag aus.
Der Zuzahlungsbetrag ist deshalb für Sie nur ein Anhaltspunkt für den Belastungswert des zu übernehmenden Rechts, den Sie bei Abgabe Ihres Gebots einkalkulieren müssen.

Überblick über die Rechte der Abteilung II

Beispiele für Rechte der Abteilung II

Die Ausgestaltung der Rechte der Abteilung II ist vielfältig. Im Folgenden werden nur die Typen bestehen bleibender Belastungen vorgestellt, die am häufigsten anzutreffen sind.

Dienstbarkeiten

Der Eigentümer des belasteten („dienenden“) Grundstücks muss einzelne spezielle Nutzungen durch den Berechtigten dulden oder Dinge unterlassen, die er als Eigentümer sonst vornehmen dürfte.

Dabei werden nach dem Berechtigten der Dienstbarkeit unterschieden:
Grunddienstbarkeiten – Sie stehen dem jeweiligen Eigentümer eines anderen („herrschenden“) Grundstücks zu. Der Grundbuchtext lautet: „für den jeweiligen Eigentümer des Grundstücks Gemarkung Benrath Flur 7 Flurstück 777“.
Beschränkte persönliche Dienstbarkeiten – Sie sind für eine natürliche oder juristische Person bestellt („für Frieda Schmitz, geboren am 13.12.1958“ oder „für die Stadtwerke AG, Düsseldorf“).
Gerade bei den Dienstbarkeiten ist der Katalog der konkreten Rechte umfangreich.

Hier nur einige in der Praxis häufig vorkommende Beispiele:
Wegerecht
Der Grad der Beeinträchtigung ist sehr unterschiedlich und reicht von „Fußgänger dürfen über schmalen Weg im hinteren Grundstücksteil laufen“ bis „Das Befahren des gesamten Grundstücks mit schweren Landmaschinen ist gestattet“.
Leitungsrecht
Ver- oder Entsorgungsleitungen dürfen im Grundstück verlegt oder darüber geführt werden.

Wohnungsbesetzungsrecht
Die Stadt darf Mieter stellen, die der Eigentümer akzeptieren muss.
Wohnungsrecht (Spezialfall!)
Der Berechtigte darf das Gebäude oder Teile davon umfassend zu Wohnzwecken nutzen.

Praxistipp

Eine Gegenleistung des Berechtigten kann nicht Inhalt des dinglichen Wohnungsrechts sein. Prüfen Sie daher genau nach, ob daneben ein Mietvertrag besteht, den Sie als Ersteher ebenfalls übernehmen und aufgrund dessen Sie Miete verlangen können.
Im Übrigen gilt: für Eigennutzer nicht geeignet!

Vorkaufsrecht

Grundsätzlich gibt das Vorkaufsrecht dem Berechtigten die Möglichkeit, in einen Kaufvertrag, den der Eigentümer mit einem Dritten abschließt, einzutreten, und zwar genau zu den ausgehandelten Konditionen.

Ist das Vorkaufsrecht nur für einen Verkaufsfall bestellt, erlischt es mit Zuschlag. Besteht das Vorkaufsrecht aber für mehrere oder alle Verkaufsfälle, kann der Berechtigte bei einem späteren Verkauf durch Sie als Ersteher in eben diesen Kaufvertrag eintreten. In diesem Fall ist also nur die freie Verwertbarkeit der durch Zuschlag erworbenen Immobilie geringfügig eingeschränkt. Wenn Sie das Objekt verkaufen wollen, kann Ihnen die Person des Käufers gleichgültig sein. Die Gerichte bewerten Vorkaufsrechte dennoch mit rund 5 % des Verkehrswertes.

Reallast

Der Berechtigte einer Reallast kann wiederkehrende Leistungen vom Eigentümer des Grundstücks verlangen. Der Hauptfall ist die so genannte **Rentenreallast**, die immer bei einem Kauf auf Rentenbasis in das Grundbuch eingetragen wird. Im Regelfall wird die Reallast auf Lebenszeit bestellt und erlischt mit dem Tod des Berechtigten.
Die Belastung für Sie als Ersteher berechnet sich dann nach folgender Formel:

Jahreswert der Leistungen x statistische Restlebenserwartung des Berechtigten

Beispiel

Ein 60 Jahre alter Berechtigter erhält eine monatliche Geldrente von 500 €:
500 x 12 x 22,35 (laut Sterbetafel des statistischen Bundesamtes) = 134 100 €
Wollen Sie für die Immobilie also wirtschaftlich 300 000 € aufwenden, dürfen Sie nur 165 900 € in bar bieten, wenn Sie die Rentenreallast übernehmen müssen!

Beachten Sie für Ihre Kalkulation aber auch die Tatsache, dass viele Rentenreallasten wertgesichert sind. Der zu zahlende Betrag ist dann an einen Index angebunden und wird angepasst, wenn sich z. B. die Lebenshaltungskosten verändern.

Praxistipp

Bei Übernahme von Rechten der Abteilung II des Grundbuchs gilt grundsätzlich: Informieren Sie sich spätestens im Versteigerungstermin durch Einsicht in die Bewilligung und fragen Sie den Rechtspfleger genau nach Inhalt und wirtschaftlicher Tragweite der zu übernehmenden Belastung!

Weitere Informationsquellen

Erschließen Sie durch Einsicht in die Gerichtsakte oder Nachfrage bei Servicekraft oder Rechtspfleger weitere Informationsquellen. Sie benötigen Namen und Anschriften folgender Akteure:

- Schuldner (aus dem Anordnungsbeschluss ersichtlich),
- Mieter oder Pächter (ergibt sich häufig aus dem Gutachten),
- etwaiger Zwangsverwalter,
- WEG-Verwalter, wenn Sie sich für eine Eigentumswohnung interessieren.

Achtung: Kautionsfrage bei vermieteten Objekten

Grundsätzlich haben Sie mit den Verbindlichkeiten des Schuldners nichts zu tun, es sei denn, Sie müssen, wie bereits dargestellt, nach den Versteigerungsbedingungen ein Grundbuchrecht übernehmen.
Allerdings kann sich aus einem ganz anderen Grund später einmal eine Zahlungsverpflichtung ergeben, wenn das ersteigerte Objekt vermietet ist: Im Interesse des Mieters haften Sie als zukünftiger Eigentümer dem Mieter gegenüber für die **verzinsliche Rückzahlung der Kaution** bei vertragsgemäßer Rückgabe der Wohnung!

Wird das von Ihnen zu übernehmende Mietverhältnis irgendwann einmal beendet, müssen Sie dem Mieter die von ihm seinerzeit an den Schuldner geleistete Kaution auch dann zurückzahlen, wenn Sie diese vom Schuldner nie erhalten haben. Sie können als Ersteher aber nach der Lebenserfahrung nicht davon ausgehen, dass der Schuldner Ihnen nach dem Zuschlag ordnungsgemäß die geleistete Kaution des Mieters übergibt.

Praxistipp

Nutzen Sie alle Informationsquellen (Rechtspfleger, Zwangsverwalter, Mieter), um Höhe und Verbleib einer etwaigen Kaution vor dem Versteigerungstermin in Erfahrung zu bringen. Insbesondere bei bar geleisteten Kautionen ist Vorsicht geboten. Besprechen Sie das Problem mit dem Gläubiger. Zur Not müssen Sie bei Ihrem Gebotslimit einen Sicherheitsabschlag von drei Monatsmieten vornehmen, um Ihre Haftung dem Mieter gegenüber auszugleichen!

Was Sie bei Eigentumswohnungen vom Verwalter erfahren

Der WEG-Verwalter

Wenn Sie eine Eigentumswohnung ersteigern wollen, sollten Sie beim Verwalter der Wohnungseigentümergemeinschaft Auskünfte über die Eigentümergemeinschaft und das Gesamtobjekt einholen. Der WEG-Verwalter wird Ihnen vielleicht Einsicht in die Protokolle der Wohnungseigentümerversammlungen und den geltenden Wirtschaftsplan gewähren sowie Auskunft über das monatlich zu zahlende Wohngeld und über möglicherweise bestehende Wohngeldrückstände des Schuldners geben.

Die Höhe des Wohngeldes müssen Sie unbedingt in Erfahrung bringen, weil der WEG-Verwalter Sie bereits ab Zuschlag in die Pflicht nimmt. Außerdem müssen Sie Ihre späteren monatlichen Objektausgaben kalkulieren. Je nach Ausstattung des Objekts (Aufzug, Schwimmbad, Sauna) kann das Wohngeld schnell zu einer kleinen Miete werden.

Als Ersteher einer Eigentumswohnung treffen Sie aber nicht nur die laufenden Wohngeldzahlungen ab Zuschlag, sondern auch die so genannte **Abrechnungsspitze**. Das ist die Restforde-

Müssen Sie einen Wohngeldrückstand übernehmen?

rung, die sich aus der Differenz zwischen den tatsächlichen Ausgaben und den nach Wirtschaftsplan zu leistenden Wohngeldvorauszahlungen ergibt.
Für die vom Schuldner nicht gezahlten Wohngeldvorschüsse haften Sie aber nach der jetzt geltenden Rechtsprechung in keinem Fall! Das Ihren Aufgaben nach dem Zuschlag gewidmete Kapitel 4 enthält ein ausführliches Berechnungsbeispiel.

Praxistipp

Sie müssen sich unbedingt beim WEG-Verwalter über den geltenden Wirtschaftsplan und das monatlich zu zahlende Wohngeld erkundigen. Fragen Sie den WEG-Verwalter unbedingt auch danach, ob für die Zukunft kostenträchtige Reparaturvorhaben am Gemeinschaftseigentum anstehen, die durch eine Sonderumlage finanziert werden sollen.

Die Teilungserklärung

Ein entgegenkommender WEG-Verwalter wird Ihnen auf Nachfrage vielleicht auch Einsicht in die **Teilungserklärung** geben. Sie dient als Grundlage der Aufteilung des Hauses in Wohnungs- und Teileigentumseinheiten und enthält unter anderem die verbindliche **Gemeinschaftsordnung** mit dem **Kostenverteilungsschlüssel**, mögliche **Sondernutzungsregelungen** zugunsten einzelner Eigentümer (z. B. das Recht zur alleinigen Nutzung eines KFZ-Einstellplatzes oder des Gartens) und als Anlage den **Aufteilungsplan**, aus dem sich die Lage und der Zuschnitt aller Wohnungen ergeben.
Falls Sie beim WEG-Verwalter keinen Erfolg hatten, wenden Sie sich an das Grundbuchamt beim Amtsgericht. Dazu müssen Sie die Grundbuchblattnummer des Versteigerungsobjekts angeben. Verweigert man Ihnen die Einsicht in die Teilungserklärung, weisen Sie daraufhin, dass Sie ein „berechtigtes Interesse“ haben: Durch die Bestimmung des Versteigerungstermins ist das Verfahren öffentlich geworden und die Einsicht für Sie zulässig.
Andernfalls können Sie die Teilungserklärung bei einigen Gerichten erst im Versteigerungstermin einsehen. Dann aber wird die Zeit knapp: 30 Minuten Bietzeit sind schnell vorüber! Konzentrieren Sie sich lieber auf das Bieten.

Gibt es Besichtigungstermine?

Im Anschluss an den Besuch bei Gericht dürfen Sie nichts unversucht lassen, das Objekt auch von innen zu besichtigen. Da Sie als Interessent keinen Rechtsanspruch auf eine Besichtigung haben, entscheiden allein Ihr Auftreten und Ihr Geschick

Arbeitsbogen: Erkenntnisse aus der Gerichtsakte

1. Allgemeine Daten:

Objekt: ______________________________

Amtsgericht: ______________________________

Aktenzeichen: ____K_____/___

Rechtspfleger: ______________________________

Versteigerungstermin: Datum __________ Uhrzeit __________

Saal __________

Verkehrswert: ______________ €

5/10-Grenze ______________ € 7/10-Grenze ______________ €

2. Bestbetreibender Gläubiger:

____

Geschäftszeichen: ______________________

Sachbearbeiter: ______________________ Telefon: ______________

3. Grundbuchauszug

Betrag	Gläubiger	angemeldete Gesamtforderung
Abt. III Nr. __: _______ €	______________	______________ €
Abt. III Nr. __: _______ €	______________	______________ €
Abt. III Nr. __: _______ €	______________	______________ €

Rangvermerke/Rangänderungen? ______________________________

4. Zusätzliche Informationsquellen:

Schuldner: ______________________________

Zwangsverwalter: ______________________________

WEG-Verwalter: ______________________________

Mieter: ______________________________

darüber, ob der Eigentümer oder sein Mieter Sie hereinlässt. Im Notfall gelingt es Ihnen vielleicht, eine vergleichbar geschnittene und ausgestattete Nachbarwohnung zu besichtigen. Bei leer stehenden Objekten stehen die Chancen in jedem Fall besser: Den Schlüssel bekommen Sie in solchen Fällen beim Zwangsverwalter, dem Hausmeister und nicht selten beim betreibenden Gläubiger.

Praxistipp

Wenn es Ihnen nicht gelingt, das Objekt von innen zu besichtigen und auch der Gutachter nicht eingelassen wurde, sollten Sie, um böse Überraschungen zu vermeiden, einen Sicherheitsabschlag in Ihr Gebotslimit einkalkulieren.
Denken Sie immer daran: In der Zwangsversteigerung besteht kein Anspruch auf Gewährleistung! Wenn Sie nach dem Zuschlag verdeckte Schäden oder Mängel feststellen, gibt es weder einen Rücktritt vom Gebot noch eine Minderung des Steigpreises.

Die Auswertung der Gerichtsakte können Sie mit nebenstehendem Arbeitsbogen festhalten:

Finanzierung vorab klären

Haben Sie sich nach sorgfältiger Recherche zum Bieten auf ein konkretes Objekt entschlossen, und steht der Versteigerungstermin an, müssen Sie im eigenen Interesse bereits vorab die **Finanzierung** des Meistgebots einschließlich der Erwerbsnebenkosten **klären**. Führen Sie mit einem oder mehreren Kreditinstituten ein unverbindliches Darlehensgespräch und klopfen Sie die Finanzierung des möglichen Gesamtaufwands ab.

Welches Gebot können Sie sich leisten? Bis zu welchem Gebot würde die Bank Ihnen voraussichtlich ein Darlehen gewähren?

Praxistipp

Achtung: Das Kreditinstitut darf für die Beantwortung dieser Frage und die noch unverbindliche Vorprüfung eines Darlehens keine Gebühren verlangen. Sie können schließlich nicht davon ausgehen, dass Sie mit Ihrem Gebot im Termin tatsächlich zum Zug kommen und Meistbietender bleiben.

Welche Erwerbsnebenkosten auf Sie zukommen

Erwerbsnebenkosten

Die Erwerbsnebenkosten sind bei der Versteigerung im Vergleich zu einem freihändigen Kauf günstig.
Neben Ihrem Meistgebot müssen Sie als Erwerbsnebenkosten lediglich

- eine Zuschlagsgebühr,
- die Gerichtskosten für Ihre spätere Eintragung im Grundbuch
- und die Grunderwerbsteuer tragen.

Notarkosten ergeben sich allenfalls für die Bestellung Ihrer Finanzierungsrechte, nicht jedoch für den Immobilienerwerb an sich.

Die **Gebühr für die Erteilung des Zuschlags** richtet sich immer nach Ihrem Bargebot ohne Zinsen zuzüglich des Kapitals oder der Zuzahlungsbeträge der bestehen bleibenden Rechte (= Meistgebot oder „Steigpreis“).

Das Grundbuchamt berechnet die **Gebühr für Ihre Eintragung als Eigentümer im Grundbuch** grundsätzlich nach dem Verkehrswert, es sei denn, Ihr Meistgebot liegt darüber. Diese Gebühr wird durch Ihren Erwerb deutlich unter Verkehrwert daher nicht begünstigt, weil sie sich immer nach dem tatsächlichen Wert der Immobilie berechnet. Für die Löschung des Versteigerungsvermerks und der von Ihnen nicht übernommenen Belastungen darf das Grundbuchamt keine Gebühren berechnen. Diese Eintragungen bleiben kostenfrei. Beide Gebühren stellt Ihnen die Gerichtskasse in Rechnung, nachdem die Gebühren entstanden sind. Feste Prozentsätze für diese Gebühren können an dieser Stelle nicht angegeben werden, da die Gerichtsgebührentabellen degressiv aufgebaut sind.

Folgende Tabelle liefert Ihnen aber einige Beispiele für die Gebührenhöhe als **Kalkulationshilfe**:

WERT	ZUSCHLAGS-GEBÜHR (Wert: Steigpreis)	UMSCHREIBUNGS-GEBÜHR (Wert: Verkehrswert oder höherer Steigpreis)
50 000 €	228 €	132 €
75 000 €	328 €	177 €
100 000 €	428 €	207 €
150 000 €	578 €	282 €
200 000 €	728 €	357 €
300 000 €	1 028 €	507 €
500 000 €	1 478 €	807 €
750 000 €	1 853 €	1 182 €

Grunderwerbsteuer

Daneben müssen Sie wie beim Kauf einer Immobilie, Grunderwerbsteuer in Höhe von 3,5 % an das Finanzamt abführen. Diese berechnet sich nach Ihrem Gebot, zu dem Sie den Zuschlag erhalten haben zuzüglich des Wertes möglicher bestehen gebliebener Rechte. Es gibt zwei Fälle, in denen sogar doppelte Grunderwerbsteuer anfällt. Treten Sie als Meistbietender das Recht aus dem Meistgebot an einen Dritten ab, oder erklären Sie nachträglich nicht für sich, sondern für einen Dritten, in verdeckter Vollmacht geboten zu haben, müssen Sie 7% Grunderwerbsteuer zahlen. Darauf wird Sie allerdings der Rechtspfleger bereits im Versteigerungstermin ausdrücklich hinweisen.

Der Ablauf des Bietgeschehens

Wie Sie sich optimal auf den Versteigerungstermin vorbereiten

Dreiteilung des Termins

Besuchen Sie unbedingt Versteigerungstermine zu „Trainingszwecken“, um das Geschehen kennen zu lernen. Dadurch können Sie den bereits geschilderten Ablauf des Termins in seinen Strukturen

- Bekanntmachungsteil,
- Bietzeit,
- Verhandlung und Entscheidung über den Zuschlag

in der Praxis erleben.

Wie wird geboten?

Bei Ihren „Trainingsterminen“ werden Sie feststellen, dass Sie Gebote nach Eröffnung der Bietzeit vor dem Rechtspfleger mündlich abgeben müssen.
Sie treten an den Rechtspflegertisch und sagen, was Sie bieten wollen. Ihr Gebot wird dann protokolliert, verkündet und zugelassen, wenn alles in Ordnung ist. Dabei müssen Sie als Bieter zur Feststellung Ihrer Personalien ein **gültiges Ausweispapier** (Personalausweis oder Reisepass) vorlegen.
Schriftliche Gebote vor oder im Termin oder gar per Telefon, Telefax oder Internet, wie Sie das vielleicht aus Kunstauktionen kennen, sind nicht zulässig.

Bieten in Vollmacht

Wenn Sie den Termin, in dem Ihre Wunschimmobilie versteigert wird, nicht persönlich wahrnehmen können, müssen Sie einen Vertreter schicken. Der Stellvertreter muss dann das Gebot in Ihrem Namen abgeben und dabei mit einer notariell beglaubigten oder beurkundeten Bietvollmacht ausgestattet sein. Diese Vollmacht muss ausdrücklich zur Abgabe von Geboten ermächtigen; eine allgemeine Vollmacht „zur Vertretung im Termin“ oder eine Verfahrensvollmacht reichen nicht aus. Falls Sie jemandem sowieso eine notarielle Generalvollmacht oder eine generelle Vollmacht zum Erwerb von Immobilien erteilt haben, genügt diese auch im Versteigerungsverfahren.
Eine notarielle Beurkundung, bei der der Notar den Inhalt der Vollmacht für Sie entwirft, ist recht teuer. Viel preiswerter ist die notarielle Unterschriftsbeglaubigung. Dabei müssen Sie nur den von Ihnen konzipierten Text vor dem Notar unterschreiben.
Wir haben für Sie folgenden **Mustertext** entworfen:

Herbert Mustermann
Mustergasse 12
87654 Musterstadt

10. Januar 2004

Hiermit bevollmächtige ich meine Ehefrau

Michaela Mustermann, geborene von Dingsda
Mustergasse 12, 87654 Musterstadt,

für mich im Zwangsversteigerungstermin am 22. März 2004 (Aktenzeichen: 84 K 210/03) Gebote für das Wohnungseigentum Nr. 4 im 1. Obergeschoss links des Hauses Pfalzstraße 8 abzugeben.
oder
für mich in allen Zwangsversteigerungsterminen vor deutschen Amtsgerichten Gebote in unbeschränkter Höhe abzugeben.
(Herbert Mustermann)

Beglaubigung

Unter diese von Ihnen vorbereitete Vollmacht setzt der Notar, bei dem Sie Ihre Unterschrift leisten müssen, nur noch den Beglaubigungsvermerk. Beachten Sie bitte, dass Rechtsanwälte oder Behörden Ihre Unterschrift nicht wirksam beglaubigen können. Der Gang zum Notar lässt sich nicht vermeiden. Ihr Bevollmächtigter muss im Termin das Original der Vollmacht vorlegen und sich selbst ausweisen können.

Praxistipp

Formulieren Sie Ihre Vollmacht besser allgemein, wie in der 2. Alternative beschrieben, weil Sie nicht wissen, ob Sie bereits in diesem Termin zum Zug kommen. Zweckmäßig ist es in diesem Fall, auch eine Kopie der Vollmacht für die Akte des Versteigerungsgerichts mitzubringen, damit Sie das Original der Vollmacht am Terminende wieder mitnehmen können.
Sie können die Bietvollmacht auch nach oben hin **limitieren** („Gebote bis zu einer Höhe von 200 000 € abzugeben“). Der Rechtspfleger muss diese Begrenzung der Vollmacht beachten.

Bieten mit „verdeckter Vollmacht“

Wollen Sie während der Bietstunde unerkannt bleiben, kann Ihr Vertreter das Gebot abgeben, ohne sofort die Vollmacht offen zu legen. Er bietet zunächst im eigenen Namen. Der „Strohmann“ erklärt dann nach dem Schluss der Bietstunde oder in einem von ihm beantragten Verkündungstermin, dass er nicht für sich, sondern für einen Dritten – das sind Sie – geboten hat, und weist Ihre Vollmacht in notarieller Form nach. In diesem Fall wird der Zuschlag Ihnen als dem Vollmachtgeber erteilt. Ihr Vorteil: Sie bleiben als Bieter bis zum Schluss der Versteigerung unerkannt. **Aber Achtung: Dieser Weg ist teuer!** Sie müssen **doppelte Grunderwerbsteuer** (das sind 7 %!) zahlen. Außerdem haftet der Vertreter neben Ihnen für die Erfüllung des Meistgebots.

Bietergemeinschaften

Wenn Sie zusammen mit einer oder mehreren Personen in einer Bietergemeinschaft ein Gebot abgeben wollen, müssen alle Partner anwesend oder durch Vollmacht vertreten sein. Außerdem müssen Sie Ihr **Beteiligungsverhältnis** angeben. Im Normalfall werden Sie **zu Bruchteilen** (z. B. „zu je $^{1}/_{2}$ Anteil“) erwerben wollen. Steuerfüchse schließen gegebenenfalls einen Gesellschaftsvertrag und bilden eine **„Gesellschaft bürgerlichen Rechts“**. Informieren Sie sich über mögliche steuerliche Vorteile bei Ihrem Steuerberater. Im Versteigerungstermin genügt es, dieses Beteiligungsverhältnis anzugeben. Sie müssen den Gesellschaftsvertrag nicht vorlegen.

Praxistipp

Ehegatten, die gemeinsam Eigentum erwerben wollen, müssen auch das Gebot gemeinsam abgeben. Wenn nämlich nur einem Ehegatten der Zuschlag erteilt worden ist, lässt sich z. B. ein $^1/_2$ Anteil auf den Ehepartner nur noch durch einen notariellen Vertrag übertragen. Dadurch entsteht zwar, da Ehegatten befreit sind, keine weitere Grunderwerbsteuer, Sie müssen jedoch erhebliche Notar- und Grundbuchkosten zahlen.

Handelsregisterauszug

Wollen Sie als Vertreter einer juristischen Person (z. B. GmbH) oder einer Personengesellschaft (OHG, KG) bieten, müssen Sie Ihre Vollmacht durch Vorlage eines **öffentlich beglaubigten Handelsregisterauszugs** nachweisen. Der Auszug sollte keinesfalls älter als drei bis vier Monate sein. Da es dafür im Gesetz aber keine verbindliche Regelung gibt, müssen Sie sich unbedingt vor dem Termin beim zuständigen Rechtspfleger erkundigen, wie aktuell seiner Ansicht nach der Auszug sein muss.

Bieten im Namen minderjähriger Kinder

Für minderjährige Kinder müssen die Inhaber der „elterlichen Sorge“ bieten, normalerweise also beide Eltern. Wenn Sie – nach Tod des Ehepartners oder Scheidung – die elterliche Sorge allein ausüben, müssen Sie dies dem Gericht nachweisen (Sterbeurkunde oder Gerichtsbeschluss). In jedem Fall benötigen Sie zur Abgabe von Geboten für minderjährige Kinder eine Genehmigung des Familiengerichts, die Sie zum Versteigerungstermin mitbringen müssen.

Für Vollmacht, aktuellen Handelsregisterauszug oder familiengerichtliche Genehmigung gilt: Alle notwendigen Unterlagen müssen schon bei Abgabe des Gebots vorliegen und können nicht nachgereicht werden.

Fehlt z. B. die Vollmacht, können Sie nicht für den Vertretenen bieten. Der Rechtspfleger muss Ihr Gebot sofort zurückweisen. Er kann auch keinen Verkündungstermin anberaumen, weil das Gericht wegen nachfolgender Gebote bereits in der laufenden Bietzeit eine Entscheidung treffen muss.

Praxistipp

Wenn Sie Ihre Vertretungsmacht nicht ordnungsgemäß nachweisen können, bleibt Ihnen als Vertreter nur die Möglichkeit, das Meistgebot im eigenen Namen abzugeben. Sie können dann nach Schluss der Versteigerung einen Verkündungstermin beantragen und in diesem Termin das **Recht aus dem Meistgebot** an den Vertretenen oder die vertretene Gesellschaft **abtreten**. Nach dieser Abtretung erhält der Abtretungsempfänger, also derjenige der ursprünglich ansteigern wollte, den Zuschlag.
Die auch in diesem Fall entstehende **doppelte Grunderwerbsteuer** können Sie unter Umständen vermeiden, wenn Sie als Vertreter bei Abgabe des Gebots zu Protokoll erklären, dass Sie nur mangels ordnungsgemäßer Vollmacht selbst geboten haben.
Die Grunderwerbsteuerstelle beim Finanzamt sollten Sie unter Hinweis auf das Protokoll des Versteigerungstermins bereits vor der Steuerfestsetzung entsprechend informieren. Damit könnte es Ihnen gelingen die doppelte Grunderwerbsteuer zu vermeiden.

Das Wichtigste: die richtige Sicherheit

Höhe der Sicherheiten

Als Bieter müssen Sie sich darauf einstellen, dass Sie unmittelbar nach Abgabe Ihres Gebots eine Anzahlung in Form einer Sicherheitsleistung erbringen müssen. Der Rechtspfleger fordert Sie allerdings nur dann auf Sicherheit zu leisten, wenn einer der Verfahrensbeteiligten dies verlangt – in der Regel ist es die erstrangige Gläubigerbank.

Die Sicherheitsleistung beträgt unabhängig von der Höhe Ihres Gebotes pauschal **10 % des festgesetzten Verkehrswertes**!

Sonderfälle

Zwei Besonderheiten müssen Sie bei der Höhe der Sicherheit allerdings beachten:

- Falls die Verfahrenskosten 1/10 des Verkehrswertes übersteigen, müssen Sie als Bieter ausnahmsweise Sicherheit in Höhe der Kosten leisten.

Beispiel

Versteigert wird eine landwirtschaftliche Fläche mit einem Verkehrswert von 10 000 €. Die Gerichtskosten betragen 1 200 €, da allein das Gutachten 800 € kostete.
Als Bieter müssen Sie 1 200 € Sicherheit leisten, da die Gerichtskosten mehr als 10 % des Verkehrswertes betragen.

- In einzelnen Fällen, nämlich bei hohen bestehen bleibenden Rechten, kann die Sicherheitsleistung von 10 % des Verkehrswertes sogar den Betrag übersteigen, den Sie als Ersteher überhaupt bar zahlen müssen.

Beispiel

Verkehrswert	200 000 €
bestehen bleibende Rechte	170 000 €
Ihr wirtschaftliches Gebot	180 000 €
also in bar zu bieten	10 000 €
benötigte Sicherheitsleistung = 10 % des Verkehrswertes	20 000 €

Die Sicherheit, die Sie zunächst in jedem Fall leisten müssen, übersteigt Ihre Zahlungspflicht als Ersteher um 20 000 €. Nach Schluss der Versteigerung wird dieser überschießende Betrag freigegeben oder an Sie zurückgezahlt.

Diese Regelung hat durchaus ihre Berechtigung. Bevor das Meistgebot feststeht, ist ja nicht absehbar, bis zu welcher Gebotshöhe sich die Interessenten hochtreiben werden. Im obigen Beispiel könnten Sie ja im Verlauf des Bietgeschäfts noch wirtschaftlich 210 000 €, also 40 000 € in bar bieten. Schon läge die Sicherheit wieder unter Ihrer Barzahlungspflicht. Da der Gesetzgeber in jedem Fall ein Nachlegen verhindern wollte, ist es nur konsequent, von jedem Bieter zunächst 10 % des Verkehrswertes als Sicherheit zu verlangen.

Folgende Arten der Sicherheitsleistung sind zulässig

- Bestätigter Bundes- oder Landeszentralbankscheck,
- Bankverrechnungsscheck, der im Inland zahlbar und von einer in der EG zugelassenen Bank ausgestellt sein muss,
- Bürgschaft einer Bank, die auch einen Bankverrechnungsscheck ausstellen dürfte,

- Übergabe von Bargeld im Termin (möglichst in großen Scheinen),
- Hinterlegung von Bargeld vor dem Termin bei der Hinterlegungsstelle des Amtsgerichts und Vorlage des Hinterlegungsscheins.

Hingegen akzeptiert das Gericht **nicht**:
- Wertpapiere aller Art,
- Bürgschaften von Nichtbanken,
- von Ihnen selbst ausgestellte Schecks.

Bankverrechnungsscheck

Sich mit großen Summen Bargeld auf den Weg zum Termin zu machen, ist aus Sicherheitsgründen nicht empfehlenswert. Der Gesetzgeber hat mit dem **Bankverrechnungsscheck** für Sie eine kostengünstige, bequeme und sichere Alternative zum Bargeld geschaffen.
Das Besondere an dieser Scheckart ist, dass es sich sowohl bei dem Aussteller als auch bei dem Bezogenen um ein Bankinstitut handelt.
Ihre Hausbank kann diesen Scheck auch auf eine eigenständige Filiale beziehen und in jedem Fall kurzfristig zur Verfügung stellen – Ihre Bonität vorausgesetzt. Zieht Ihre Hausbank den Scheck auf die Bundesbank, muss er nicht mit dem Bestätigungsvermerk versehen sein. Die Kosten betragen – je nach Bankinstitut – zwischen 5 und 10 € pro Scheck. Diese Scheckart ist in der Bankenpraxis leider wenig verbreitet. Weisen Sie notfalls darauf hin, dass Ihnen ein Bundeszentralbankscheck ohne Bestätigungsvermerk genügen würde.

Bestätigte Schecks

Bestätigte Bundeszentralbankschecks bringen Ihnen keine weiteren Vorteile und sind umständlicher, da sie diesen Scheck längerfristig bei Ihrer Hausbank bestellen müssen. Auch die Gebührenforderung fällt höher aus. Sie wird in jedem Fall mindestens 20 € betragen.

Vorlegungsfrist

Bei Bankverrechnungs- und LZB-Schecks darf die **Vorlegungsfrist** nicht vor dem vierten Tag nach dem Termin ablaufen. Das heißt, zwischen dem Versteigerungstermin und dem letzten Tag der achttägigen Vorlegungsfrist, die mit dem Ausstellungsdatum beginnt, müssen mindestens drei volle Tage liegen, die aber nicht unbedingt Werktage sein müssen. Deshalb dürfen Sie sich den Scheck erst kurz vor dem Termin bei Ihrer Hausbank besorgen.

Praxistipp

Probleme mit der Vorlegungsfrist können Sie vermeiden, indem Sie Ihre Bank bitten, den Scheck auf den Tag des Versteigerungstermins vorzudatieren, was ohne weiteres zulässig ist.

Ist der Versteigerungstermin beispielsweise ein Freitag, darf der Bankverrechnungsscheck frühestens am vorangehenden Dienstag ausgestellt werden, damit die Vorlegungsfrist bis zum folgenden Dienstag gewahrt ist.

Bankbürgschaften

Profis, die sich häufiger an Zwangsversteigerungen beteiligen, greifen oft auf **Bankbürgschaften** zurück. Die Banken nehmen dafür eine einmalige Bearbeitungsgebühr von 10 €. Dazu kommen noch die Zinsen für den dahinter stehenden Avalkredit, abhängig vom Zinsniveau. Die Bürgschaftssumme würde Ihr Konto erst bei einer Inanspruchnahme belasten, was nicht vorkommen dürfte: Sobald Sie das gesamte Meistgebot an das Versteigerungsgericht gezahlt haben, erhalten Sie die Bürgschaftsurkunde zurück.

Praxistipp

Das Sicherheitsmittel Ihrer Wahl sollte der **Bankverrechnungsscheck** sein. Er ist preiswert, sicher und unbürokratisch. Gibt es im Versteigerungstermin dennoch einmal Probleme mit Höhe oder Art der Sicherheitsleistung, sollten Sie mit der Gläubigerbank verhandeln. Der Terminvertreter kann seinen Antrag auf die von Ihnen vorgelegte Sicherheit beschränken, damit der Rechtspfleger Ihr Gebot zulässt. Allerdings wird ein solches Verfahren nicht von allen Versteigerungsrechtspflegern akzeptiert.

Zu guter Letzt: der Sicherheitsanruf

Viele Schuldner werden erst aktiv, wenn der Versteigerungstermin unmittelbar bevorsteht. Es kommt daher häufig vor, dass der Schuldner noch in letzter Sekunde Zahlungen leistet und der angesetzte Versteigerungstermin kurzfristig ausfällt. Das Versteigerungsgericht veröffentlicht dies grundsätzlich nicht gesondert. Ausnahme: **Gerichte, die ihre Termine in das Internet einstellen, weisen dort auch tagesaktuell auf den Wegfall des Termins hin.**

Sofern das Medium Internet ausscheidet, sollten Sie zu Ihrer Sicherheit am Vortag des Versteigerungstermins – oder gar am

Terminstag selbst – auf der Geschäftsstelle des Versteigerungsgerichts anrufen und sich erkundigen, ob der Termin noch stattfindet. So vermeiden Sie die vergebliche Anreise.

Checkliste: Woran Sie für eine optimale Terminvorbereitung denken müssen

- Finanzierung mit der Bank besprechen.
- Training: Versteigerungstermine probeweise wahrnehmen.
- Bietunterlagen beschaffen:
  - gültiges Ausweispapier,
  - ausreichende Sicherheitsleistung,
  - notarielle Vollmacht?
  - aktueller Handelsregisterauszug?
  - familiengerichtliche Genehmigung?
- Bietstrategie entwickeln, vgl. nachstehend.
- Interneteinsicht oder Sicherheitsanruf bei Gericht kurz vor dem Termin.

Erfolgreiche Bietstrategien

Die richtige Taktik

Die Wahl der richtigen Biettaktik hängt entscheidend von der Anzahl Ihrer Bietkonkurrenten und deren Verhalten in der Bietzeit ab. Niemand kann den Verlauf des Bietgeschäfts zuverlässig voraussagen. Immer wieder kommt es zu überraschenden Wendungen.
Dennoch sollten Sie Ihr Bietverhalten grundsätzlich bereits vor dem Termin überdenken und eine persönliche Bietstrategie entwerfen. Eine allgemein gültige Taktik gibt es jedoch nicht. Sie müssen sich immer kurzfristig auf den Terminverlauf und Ihre Bietkonkurrenz einstellen.

Ihr persönliches Gebotslimit

Am wichtigsten ist es, sich ein persönliches Gebotslimit zu setzen, das Sie, egal was im Termin passiert, einhalten und niemandem preisgeben. Geraten Sie nicht durch eine unerwartet große Konkurrenz in einen Bietrausch. Sie wollen nicht die Immobilie um jeden Preis, sondern diese in der Versteigerung günstig erwerben. Wenn Ihnen das nicht in Ihrem ersten Termin gelingt, dann vielleicht beim nächsten. Wenn Sie sich an Ihr persönliches Bietlimit halten, werden Sie Ihre Entscheidung nach dem Termin nicht bereuen müssen.

Auf den 2. Termin ohne Grenzen spekulieren?

Wenn Sie großes Erwerbsinteresse haben, ist es gefährlich, auf einen 2. Versteigerungstermin zu spekulieren, in dem vielleicht die Zuschlagsversagungsgrenzen nicht mehr gelten. Die Gerichte weisen bei ihrer neuen Terminbestimmung auf den Wegfall der Grenzen hin. Da auch viele Profis ausschließlich diese so genannten Zweittermine wahrnehmen, haben wir die Erfahrung gemacht, dass in „grenzenlosen" Zweitterminen häufig bessere Ergebnisse erzielt werden als in den Ersterminen. Nutzen Sie daher Ihre Chance dann, wenn sie sich bietet. Es gibt einige nützliche Tipps für das richtige Bietverhalten, die im nachfolgenden Infokasten für Sie zusammengestellt sind.

Tipps für das richtige Bietverhalten

- Wählen Sie **vernünftige Bietschritte** im Verhältnis zum Verkehrswert. Wer bei einem 1-Familien-Haus „1 € mehr" bietet hat zwar die Lacher auf seiner Seite, behindert aber zügiges und zielstrebiges Bieten und bereitet Rechtspfleger und Protokollkraft unnötige Arbeit.
- **Sprechen Sie Ihr Bargebot stets vollständig aus.** Sagen Sie nicht „zweisechs", wenn Sie 206 000 € bieten wollen. Allzu leicht könnten Sie sonst die wirtschaftliche Tragweite Ihrer Gebote aus den Augen verlieren.
- Verlassen Sie während der verhältnismäßig kurzen Bietzeit den Sitzungssaal höchstens für ein kurzes Gespräch mit dem maßgeblichen Bankenvertreter. Behalten Sie ansonsten die Konkurrenz im Saal im Auge. 30 Minuten sind schnell vergangen.
- Versuchen Sie dem Terminvertreter der bestbetreibenden Gläubigerbank seine Vorgabe zu entlocken. Nur wenn Sie die **„Schmerzgrenze" dieser Bank kennen**, können Sie sicher sein, nicht zu viel geboten zu haben.
- Die Vertreter der nachrangig betreibenden Gläubiger können Sie ohnehin vernachlässigen. Von einigen komplizierten Ausnahmefällen abgesehen spielen diese für die Zuschlagsentscheidung keine Rolle.
- Bietinteressenten, die Ihnen während der Bietzeit die Minderwertigkeit des Objekts in schillernden Farben ausmalen, wollen Sie häufig nur verunsichern und vom Bieten abhalten, damit sie selbst ein Schnäppchen machen können.
- Ein **niedriges Anfangsgebot** weit unterhalb der Vorstellung des betreibenden Gläubigers bringt in der Regel keine Vorteile. Ihre Bietkonkurrenten werden dadurch eher ermuntert, Übergebote abzugeben.

- Sinnlos, aber immer wieder zu beobachten ist ein Bietduell unterhalb der 5/10-Grenze, wenn diese noch gilt. Denn auf welches der zu niedrigen Gebote später der Zuschlag versagt werden muss, ist völlig gleichgültig.
- Bei größerem Bietinteresse können Sie dagegen mit einem **hohen Anfangsgebot** die Konkurrenz abschrecken. Bieten Sie z. B. als Erstes 85 % des Verkehrswertes, wenn Sie wissen, dass die Gläubigerbank 100 % anstrebt, die Konkurrenz groß ist und Sie sogar den Verkehrswert bieten würden.
- **Wechseln Sie Ihre Bietschritte.** Durch unterschiedliche Übergebote wird Ihre Bietstrategie für die Konkurrenten undurchschaubar, Ihr Bietlimit bleibt verborgen.
- **Hüten Sie sich vor so genannten „negativen Bietabkommen“**: Nehmen Sie kein Geld von Konkurrenten dafür an, dass Sie nicht oder nicht mehr weiter bieten! Solche Vereinbarungen eignen sich auch für Sie nicht als taktisches Mittel, um Mitinteressenten vom Bieten abzuhalten, da sie regelmäßig sittenwidrig sind und Schadensersatzansprüche gegenüber Gläubigerbanken und Schuldner begründen können.
- Setzen Sie sich immer ein **festes Gebotslimit**, und hüten Sie sich davor, es preiszugeben. Auch freundliche Bankenvertreter und nette Mitbieter sind Ihre wirtschaftlichen Gegner.
- Sie sollten vermeiden, dass sich Ihr persönliches Gebotslimit mit den möglichen „Schmerzgrenzen“ anderer Mitbieter deckt. Legen Sie deshalb ein **„krummes“ Limit** fest, z. B. 101 000 € statt 100 000 €. So verhindern Sie, dass ein günstiger Erwerb vielleicht an 500 oder 1 000 € scheitert, weil Sie – wie andere auch – an der „glatten“ Grenze Schluss gemacht haben. Geht der Bietwettkampf nach einem Übergebot dennoch weiter, können – und sollten – Sie immer noch aussteigen.
- **Bewahren Sie einen klaren Kopf**, halten Sie Ihr Limit in jedem Fall ein und lassen Sie sich nicht von der möglichen Hektik gegen Ende der Bietzeit anstecken. Immer wieder verfallen Interessenten in einen regelrechten Bietrausch und bieten bis in wirtschaftlich unvernünftige Höhen. Am nächsten Tag möchten Sie dann den „Zuschlag wieder rückgängig machen“. Denken Sie daran: Einmal abgegebene Gebote sind in jedem Fall verbindlich.
- **Fragen Sie bei jeder Unklarheit den Rechtspfleger.**

Das Ziel ist erreicht: Welche Schritte Sie nach dem Zuschlag unternehmen müssen

Der Zuschlag

„Zum Ersten, zum Zweiten und zum ... Dritten“. Freuen Sie sich nicht zu früh, Sie sind zwar Meistbietender, haben jedoch noch nicht den Zuschlag erhalten. Erst nachdem der Rechtspfleger auf die Frage: „Werden Erklärungen zum Zuschlag abgegeben?“ von dem Bankenvertreter die Antwort erhält: „Ich beantrage die sofortige Erteilung des Zuschlags“ ist Ihr Ziel als Bieter erreicht: Der Rechtspfleger verkündet den Zuschlagsbeschluss und hält diesen Zeitpunkt im Protokoll auf die Minute genau fest. In diesem Moment sind Sie **Ersteher** und damit neuer Eigentümer des Versteigerungsobjekts geworden.

Eigentümer bereits mit Zuschlag

Anders als bei einem Kaufvertrag erwerben Sie das Eigentum nicht erst mit Ihrer Eintragung im Grundbuch, sondern bereits durch den Zuschlag. Als Nachweis für Ihren Erwerb dient daher ausschließlich der Zuschlagsbeschluss, der Ihnen wenige Tage nach dem Termin vom Gericht übersandt wird.

Aber Achtung: Der Zuschlag ist noch nicht **rechtskräftig**. Hebt das Landgericht den Zuschlag in einem Beschwerdeverfahren wieder auf, gelten seine Wirkungen als nicht eingetreten. Zuschlagsbeschwerde können alle Verfahrensbeteiligten und Sie als Ersteher einlegen. Die Frist beginnt für die anwesenden Beteiligten mit der Verkündung im Termin, für alle anderen mit der Zustellung des Beschlusses, sodass der Zuschlag erst nach Ablauf der zweiwöchigen Beschwerdefrist, also frühestens in der dritten Woche nach dem Termin rechtskräftig werden kann. Bis zu diesem Zeitpunkt könnten Sie das Objekt wieder verlieren, wenn das Gericht einen Verfahrensfehler begangen hat, den ein Beteiligter rügt – glücklicherweise ein eher theoretischer und höchst seltener Fall.

Der Übergang von Gefahren, Nutzen und Lasten

Bis zur Rechtskraft des Zuschlags dürfen Sie Ihre Aktivitäten aber keinesfalls zurückstellen, denn mit dem Zeitpunkt der Zu-

Gefahrenübergang – Versicherungsfrage klären

schlagsverkündung ist die Gefahr einer Beschädigung der Immobilie, z. B. durch Brand, Hochwasser oder Ähnliches, bereits auf Sie übergegangen. Die Juristen sprechen lapidar von **Gefahrübergang**, was für Sie bedeutet, sofort die Versicherungsfrage klären zu müssen.
Soweit für das Objekt bereits ein Versicherungsvertrag besteht, treten Sie als Ersteher nach dem Versicherungsvertragsgesetz (VVG) in die Rechte und Pflichten aus diesen Verträgen ein. Sie haften gegenüber dem Versicherer gemeinsam mit dem Schuldner für den Beitrag der laufenden Versicherungsperiode und sind auch berechtigt, das Vertragsverhältnis zu kündigen.

Praxistipp

Ob die Immobilie versichert ist, erfahren Sie eventuell vom Schuldner oder vom betreibenden Gläubiger. Auf jeden Fall kann jedoch ein bestellter Zwangsverwalter diese Frage klären. Es gehört zu seinen Aufgaben, unmittelbar nach Amtsantritt für Versicherungsschutz zu sorgen. Bei Zweifeln über den Versicherungsschutz sollten Sie vorsorglich sofort eine Versicherung abschließen. Stellt sich später heraus, dass doch schon eine Police besteht (Doppelversicherung), können Sie unverzüglich, nachdem Sie davon erfahren haben, die Aufhebung des später geschlossenen Vertrages verlangen.
Wenn Sie eine **Eigentumswohnung** ersteigert haben, gibt es keine Probleme. Für den Gebäudeversicherungsschutz einer Wohnungseigentumsanlage ist der bestellte WEG-Verwalter verantwortlich. Die Versicherungsbeiträge werden auf alle Miteigentümer umgelegt.

Nutzenübergang – die Habenseite

Haben Sie ein vermietetes Objekt ersteigert, steht Ihnen vom Tag des Zuschlags – anteilig auch für den laufenden Monat – die Miete zu. Hier heißt das juristische Fachwort **Nutzenübergang**. Damit die nächste fällige Miete nicht mehr an den Schuldner überwiesen wird, müssen Sie sofort aktiv werden. Informieren Sie den Mieter unter Vorlage des Zuschlagsbeschlusses über den erfolgten Eigentumswechsel, und geben Sie ihm auf, die künftigen Mieten ab sofort auf Ihr Konto zu überweisen.

Steht das Objekt unter Zwangsverwaltung?

Ist ein Zwangsverwalter bestellt, der für die Gläubiger die Mieten vereinnahmt, ist keine Eile geboten. In diesem Fall müssen Sie sich nur mit dem Zwangsverwalter in Verbindung setzen.
Die Zwangsverwaltung heben die meisten Gerichte erst mit Rechtskraft des Zuschlags auf. Der Zwangsverwalter verwaltet

daher das Objekt bis zu diesem Zeitpunkt für Sie kostenlos weiter. Er kassiert die bis dahin noch fällig werdenden Mieten und begleicht die anfallenden laufenden Ausgaben wie beispielsweise bei einer Eigentumswohnung das Wohngeld. Nach Abrechnung überweist er den Ihnen zustehenden so genannten **Ersteheranteil** auf Ihr Konto. Erst die nach Aufhebung der Zwangsverwaltung fällige Miete muss der Mieter unmittelbar an Sie zahlen.

Praxistipp

Erkundigen Sie sich immer bei dem Rechtspfleger, ob Ihr Objekt unter Zwangsverwaltung steht und wer als Zwangsverwalter eingesetzt ist.
Teilen Sie dem Zwangsverwalter für seine Abrechnung Ihre **Kontoverbindung mit** und bitten Sie ihn die für Sie wichtigen Objektunterlagen wie Mietverträge, Versicherungspolicen oder Abrechnungen von Versorgungsunternehmen zur Verfügung zu stellen. Der Zwangsverwalter wird Ihnen die Unterlagen nach Aufhebung des Verfahrens aushändigen und das Objekt übergeben.

Lastenübergang – die Sollseite

Aber es gehen nicht nur die Nutzungen auf Sie über. Ab Zuschlag müssen Sie auch die laufenden öffentlichen und privatrechtlichen **Lasten** tragen.
Zu den **öffentlichen Lasten** gehört hauptsächlich die **Grundsteuer**. Aus Vereinfachungsgründen erheben die Stadt- und Gemeindekassen diese Steuer jedoch von Ihnen erst mit Beginn des auf den Zuschlag folgenden Jahres. Bis dahin bleibt der Schuldner zahlungsverpflichtet. Nur wenn er Zahlung leistet, müssen Sie ihm die Steuern ersetzen. Weil der Schuldner jedoch regelmäßig zahlungsunfähig ist, kommt die Regelung im Grundsteuergesetz für Sie einem Steuererlass für das Jahr, in dem der Zuschlag erteilt wurde, gleich.
Die Stadt- oder Gemeindekasse wird vom Gericht automatisch über den Eigentumswechsel informiert und übersendet Ihnen zu Beginn des auf den Zuschlag folgenden Jahres einen Grundsteuerbescheid, aus dem sich der vierteljährlich zu zahlende Grundsteuerbetrag ergibt.
Mit alten Steuerschulden des Voreigentümers haben Sie nichts zu tun. Ebenso wenig treffen Sie persönliche Abgaben wie Müllabfuhrgebühren, Wassergeld oder Stromkosten aus der Zeit vor Zuschlag.
Einmalige öffentliche Lasten (Erschließungskosten, Anlieger-

beiträge) tragen Sie nur, wenn diese nach Zuschlag fällig geworden sind.
Privatrechtliche Lasten, die Sie ebenfalls ab Zuschlag tragen müssen, sind die laufenden Leistungen der von Ihnen möglicherweise übernommenen Grundbuchrechte.
Hier kommen ausschließlich in Betracht:

- Zinsen einer übernommenen Hypothek oder Grundschuld
- Einzelleistungen (z. B. monatliche Geldrenten) aus einer übernommenen Reallast.

Alle anderen vielleicht übernommenen Rechte belasten Sie nicht mit laufenden Zahlungen. Bei von Ihnen übernommenen Dienstbarkeiten müssen Sie nur etwas dulden, aber selbst keine Leistungen erbringen.

Umgang mit übernommenen Grundschulden

Mussten Sie neben Ihrem Gebot als bestehen bleibendes Recht eine Grundschuld übernehmen, stellt sich die Frage, wie Sie mit diesem Recht umgehen.
Da Sie nur das abstrakte dingliche Recht und nicht auch das gesicherte Darlehen übernommen haben, können Sie sich bei der Grundschuld nicht auf die niedrigeren Zinsen des Darlehens berufen. **Sie müssen ab Zuschlag die im Grundbuch eingetragenen enormen Grundschuldzinsen tragen**, die häufig 15 % und mehr ausmachen. Ihr Interesse muss es daher sein, sich möglichst schnell von dieser Last zu befreien.
Die Grundschuldkapitalbeträge sind meistens aufgrund einer entsprechenden Vereinbarung in der Bestellungsurkunde **fällig**, sodass Sie das Grundschuldkapital ohne weiteres sofort ablösen können. Vergewissern Sie sich jedoch, indem Sie bereits im Versteigerungstermin die Grundbuchurkunde einsehen oder den Rechtspfleger zur Fälligkeit der bestehen bleibenden Grundschuld befragen.

Praxistipp

Nehmen Sie sofort nach dem Zuschlag mit dem Gläubiger einer übernommenen Grundschuld Kontakt auf und bemühen Sie sich um eine schnelle Ablösung des Rechts. Dadurch vermeiden Sie die hohen Grundschuldzinsen.
Sie können die übernommene Grundschuld auch für Ihre eigene Finanzierung nutzen, wenn der übernommene Betrag ausreicht. Handeln Sie mit dem Gläubiger einen neuen Darlehensvertrag aus oder lösen Sie die Grundschuld mit einem Darlehen Ihrer Hausbank ab, an die das Recht dann abgetreten werden kann. So sparen Sie Notar- und Gerichtsgebühren für die Neueintragung einer Grundschuld.

Übernommene Hypothek

Bei einer übernommenen **Hypothek** trifft Sie das Problem hoher weiterlaufender Zinsen nicht, denn Sie haften nur für die vereinbarten marktüblichen Darlehenszinsen, die auch in dieser Höhe als Hypothekenzinsen im Grundbuch eingetragen sind. Ablösen müssen Sie das Recht jedoch in der Regel auch, weil die Hypothekenbank dem Schuldner gegenüber bereits gekündigt haben wird. Diese **Kündigung** wirkt Ihnen gegenüber aber nur dann, wenn die Bank sie beim Gericht rechtzeitig angemeldet und der Rechtspfleger sie im Versteigerungstermin bekannt gegeben hat. In diesem Fall müssen Sie auch die Hypothek sofort zurückzahlen.

Wie Sie Ihr Objekt in Besitz nehmen

Die „Schlüsselfrage“

„Von wem bekomme ich jetzt die Schlüssel?“ Eine durchaus berechtigte Frage, die von den Erstehern in der Praxis häufig gestellt wird, aber bei Bankenvertretern und Rechtspflegern nur Achselzucken auslöst.
Fast immer müssen Sie selbst aktiv werden. Schnell reagieren sollten Sie, wenn Ihr **Objekt leer steht und kein Zwangsverwalter bestellt** ist. Denn es gilt das Objekt zu sichern und die Schlösser auszutauschen, um sich vor bösen Überraschungen zu schützen. Beauftragen Sie dazu einen Schlüsseldienst, bei dem Sie sich durch Vorlage eines Zuschlagsbeschlusses als neuer Eigentümer ausweisen können.

Praxistipp

Bitten Sie den Rechtspfleger in eiligen Fällen, den Zuschlagsbeschluss noch am Verkündungstag persönlich abholen zu dürfen. Hierdurch vermeiden Sie die Postlaufzeit.

Vor Renovierung Rechtskraft abwarten

Kostenintensive Umbau- oder Renovierungsarbeiten sollten Sie aber bis zur **Rechtskraft** des Zuschlagsbeschlusses zurückstellen, auch wenn Zuschlagsbeschwerden selten sind. Um sicherzugehen lassen Sie sich die Rechtskraft nach Ablauf der zweiwöchigen Rechtsmittelfrist vom Versteigerungsgericht bescheinigen, bevor Sie mit größeren Maßnahmen beginnen.
Unterliegt ein leer stehendes Objekt der Zwangsverwaltung, wird das Verfahren erst nach Rechtskraft des Zuschlags aufgehoben. Bis zu diesem Zeitpunkt bleibt der Zwangsverwalter im Amt. Er kann Ihnen die Schlüssel daher auch erst nach der Aufhebung aushändigen.

Vermietetes Objekt

Wenn Ihr Versteigerungsobjekt vermietet ist, treten Sie wie ein Käufer in die jeweiligen Miet- und Pachtverträge ein. Die Mieter dürfen aufgrund ihres Mietvertrages im Objekt verbleiben. Als Eigennutzer können Sie Ihr Objekt daher erst nach einer Kündigung und einem Auszug des Mieters in Besitz nehmen. Wie Sie dabei vorgehen müssen, wird in einem besonderen Kapitel erläutert.

Der Zuschlag als Räumungsgrundlage gegen den Schuldner

Räumung des Schuldners

Rechtlich unproblematischer ist Ihr Besitzrecht durchzusetzen, wenn der **Schuldner selbst mit seiner Familie** im Objekt wohnt. Nehmen Sie nach der Versteigerung sofort mit dem Schuldner Kontakt auf und vereinbaren Sie einen kurzfristigen Besichtigungs- und Gesprächstermin. Versuchen Sie dem Schuldner klar zu machen, dass er auf ihr Verlangen hin das Objekt räumen muss.

Fristen für einen Auszug sind gesetzlich nicht vorgeschrieben. Der Schuldner wusste bereits seit mehreren Monaten, dass das von ihm genutzte Objekt am Tag des Versteigerungstermins unter den Hammer kommen kann und er im Falle der Zuschlagsentscheidung das Objekt an Sie als Ersteher übergeben muss. Ist er bereit, die Immobilie zu räumen, fixieren Sie gemeinsam mit ihm schriftlich den Auszugstermin.

Wenn Sie eine einvernehmliche Einigung nicht erzielen können, sollten Sie ihm dennoch eine Frist für seinen Auszug setzen. Bis zu seiner Räumung ist der Schuldner Ihnen gegenüber zur Zahlung einer **Nutzungsentschädigung** verpflichtet. Aber bedenken Sie: Der Schuldner ist je nach Ausgang des Versteigerungsverfahrens regelmäßig zahlungsunfähig. Ob er Ihnen jemals einen Ausgleich zahlt, ist mehr als fraglich. Lassen Sie sich deshalb nicht zu lange hinhalten.

In den Verhandlungen mit dem Schuldner haben Sie ein schlagkräftiges Argument auf Ihrer Seite. Räumt der Schuldner mit seiner Familie das Objekt nicht freiwillig, könnten Sie sofort einen Gerichtsvollzieher mit der Zwangsräumung beauftragen.

Sie müssen nicht etwa erst einen zeit- und kostenaufwendigen Räumungsprozess führen. Bereits der Zuschlagsbeschluss ist ein so genannter Räumungstitel gegen den Schuldner. Die Räumung setzt lediglich voraus, dass der Zuschlagsbeschluss vom Gericht mit einer Vollstreckungsklausel versehen wird und vor Beginn oder gleichzeitig mit der Vollstreckung dem Schuldner zugestellt wird: Diese so genannte **Räumungsklausel** können Sie beim Versteigerungsgericht kostenfrei beantragen. Auch

Formen und Fristen müssen Sie nicht einhalten. Der Antrag ist sogar schon vor der Rechtskraft des Zuschlagsbeschlusses und vor Ihrer Zahlung des Meistgebots zulässig.

Praxistipp

Machen Sie dem Gericht nicht unnötige Arbeit: Eine Räumungsklausel zum Zuschlagsbeschluss brauchen Sie erst dann, wenn der Schuldner das Objekt nicht freiwillig räumt. Den Antrag sollten Sie daher nicht schon direkt nach Zuschlagsverkündung im Versteigerungstermin stellen. Auch hier gilt: Warten Sie auch aus Gründen der Rechtssicherheit mit einer Zwangsräumung besser ab, bis der Zuschlag rechtskräftig geworden ist.

Räumungsklausel

Für die **Zustellung** des Titels als Voraussetzung der Räumungsvollstreckung genügt es, wenn das Gericht gleichzeitig mit der Räumungsklausel auch den Zeitpunkt der bereits von Amts wegen veranlassten Zustellung des Zuschlagsbeschlusses an den Schuldner bescheinigt.
Der Beamte erteilt Ihnen die Räumungsklausel aber nur dann, wenn der Besitz des Schuldners bei Gericht „offenkundig" (also zuverlässig bekannt) ist. Ansonsten müssten Sie den Schuldnerbesitz durch öffentliche oder öffentlich beglaubigte Urkunden (z. B. Bescheinigungen des Einwohnermeldeamts oder des Gerichtsvollziehers) nachweisen. Wie Ihr Antrag aussehen müsste, können Sie dem folgenden Antragsmuster entnehmen:

„Hiermit beantrage ich die Erteilung einer vollstreckbaren Ausfertigung des Zuschlagsbeschlusses zum Zwecke der Räumung und Herausgabe des Grundstücks gegen den Schuldner .... (§ 93 Abs. 1 ZVG). Den Zeitpunkt der bereits erfolgten Zustellung des Beschlusses an den Schuldner bitte ich auf der vollstreckbaren Ausfertigung zu bescheinigen (§ 169 ZPO). Der Besitz des Schuldners ist bei Gericht offenkundig."

Räumungsklausel auch gegen Familienmitglieder

Die auf Ihren Antrag vom Amtsgericht erteilte Vollstreckungsklausel wirkt nicht nur gegen den Schuldner, sondern auch gegen Familienangehörige und andere Mitbewohner, die ihr Recht zum Besitz nur vom Schuldner ableiten. Diese Personen kann das Gericht auf entsprechenden Antrag und Nachweis in der Räumungsklausel auch namentlich mit aufführen.

Die Kostenfrage

Mit diesem Zusatz auf dem Zuschlagsbeschluss ausgestattet können Sie jetzt den zuständigen Gerichtsvollzieher mit der Räumung beauftragen. Er wird Ihnen allerdings als erste Reaktion auf Ihren Auftrag erst einmal eine Vorschusskostenrechnung übersenden. Zwar muss für die Kosten der Räumung grundsätzlich der Schuldner aufkommen. Sie haften dafür jedoch als Auftraggeber und sind vorschusspflichtig. Einen Räumungstermin wird der Gerichtsvollzieher daher nur festsetzen, wenn Sie zuvor den Vorschuss gezahlt haben.

Praxistipp

Sie sollten insbesondere aus Kostengründen mit allen Mitteln versuchen, eine Zwangsräumung zu vermeiden. Deren Kosten, die bei einem Einfamilienhaus durchschnittlicher Größe häufig mehr als 5 000 € betragen, werden Sie vom meist zahlungsunfähigen Schuldner praktisch nicht zurückbekommen. Wägen Sie je nach Glaubwürdigkeit der Argumente des Schuldners ab. Gewähren Sie lieber noch eine Räumungsfrist und notfalls sogar einen Zuschuss zu den Umzugskosten des Mieters, anstatt die noch höheren Kosten, den Verdruss und die Zeitverzögerung, die mit einer Zwangsräumung verbunden sind, auf sich zu nehmen. Die Praxis zeigt, dass in solchen Fällen der Gerichtsvollzieher fast immer überflüssig ist.

Härteklausel

Der Schuldner kann sich gegen die Räumung nur mit einem „Vollstreckungsschutzantrag gemäß § 765 a ZPO“ zur Wehr setzen, wenn die Vollstreckung „wegen ganz besonderer Umstände eine Härte bedeutet, die mit den guten Sitten nicht vereinbar ist“. Nach dieser **Härteklausel** ist ein Aufschub allein in besonderen Ausnahmefällen möglich (z. B. nachgewiesene akute Erkrankung oder fortgeschrittene Schwangerschaft; Vorlage eines Mietvertrags, der kurzfristig nach dem angesetzten Räumungstermin beginnen soll).

Übergang des Mietvertrages

Vermietetes Objekt

Ist Ihr Versteigerungsobjekt vermietet, treten Sie wie ein Käufer in die Miet- und Pachtverträge ein und übernehmen die sich daraus ergebenden Rechte und Pflichten. Der Grundsatz „Kauf bricht nicht Miete“ lässt sich also auf das Zwangsversteigerungsverfahren übertragen:

> Der Zuschlag berührt bestehende Mietverhältnisse grundsätzlich nicht.

Diese Regelung bereitet Ihnen als Kapitalanleger kein Kopfzerbrechen. Sie wollen ohnehin das Objekt vermieten und Rendite erzielen.

Sonderkündigungsrecht des Erstehers

Als potenzieller Selbstnutzer müssen Sie sich aber mit den vertraglichen und gesetzlichen Kündigungsmöglichkeiten befassen. Ihr Vorteil: Das Gesetz gewährt Ihnen in der Versteigerung ein **Ausnahmekündigungsrecht**.

Danach sind Sie berechtigt, alle Miet- oder Pachtverträge unter Einhaltung der gesetzlichen Kündigungsfrist zum ersten zulässigen Termin zu kündigen.

Ihr Vorteil

Die Kündigung bei einem Mietvertrag über Wohnraum ist grundsätzlich spätestens am dritten Werktag eines Kalendermonats für den Ablauf des übernächsten Monats zulässig. Wird eine Wohnung gekauft und nicht ersteigert, würde sich diese Kündigungsfrist unter Umständen erheblich verlängern, wenn der Mieter Ihr Objekt länger als fünf Jahre bewohnt. Bei einem nach altem Recht noch zulässigen Zeitmietvertrag über mehrere Jahre müssten Sie sogar die vereinbarte Mietzeit abwarten, bevor Sie kündigen könnten.

Anders jedoch in der Versteigerung: Die Ausnahmekündigung gemäß § 57 a ZVG stellt eine außerordentliche Kündigung mit gesetzlicher Frist dar. Deshalb verlängert sich die Kündigungsfrist auch nicht durch eine längere Mietdauer Ihres Mieters. Die einzuhaltende Frist beträgt daher auch dann immer nur **drei Monate**.

Der zeitliche Vorteil für Ihre Kündigung mit der kurzen Dreimonatsfrist gilt selbst dann, wenn ein Zeitmietvertrag vorliegt, der noch etliche Jahre Restlaufzeit hat!

Ausübungsfrist

Aber Achtung: Sie können dieses Ausnahmekündigungsrecht lediglich zum ersten gesetzlich zulässigen Termin ausüben.

Halten Sie diesen Termin nicht ein, dürfen Sie danach nur noch vertragsgemäß kündigen; Ihr Sonderkündigungsrecht ist dann ausgeschlossen. Der erste gesetzlich zulässige Termin gilt ab dem Zuschlagsdatum, nicht ab der Rechtskraft. Sie müssen die

Kündigung daher grundsätzlich bereits **zu dem auf die Zuschlagsverkündung folgenden dritten Werktag eines jeden Monats** aussprechen. Innerhalb dieser Frist muss Ihre Kündigung dem Mieter auch zugehen. Liegt der Zuschlag nur wenige Tage vor dem zulässigen Kündigungstermin, gesteht die Rechtsprechung Ihnen aber eine gewisse Zeit zu, um die Namen der Mieter zu ermitteln, die Rechtslage zu prüfen und die Kündigung auf den Weg zu bringen.
Allerdings liegt die Beweislast für diese Verzögerung in einem möglichen Räumungsrechtsstreit bei Ihnen. Sie müssen beweisen, dass Ihnen eine rechtzeitige Kündigung nicht möglich war. Die näheren Umstände sollten Sie daher unter Hinzuziehung von Zeugen dokumentieren.

Beispiele für die Berechnung der Kündigungsfrist

Beispiel 1:

Zuschlag	06.09.2004
Die Kündigung muss spätestens zugehen am (das ist der 3. Werktag, da die Frist an einem Sonn- oder Feiertag nicht enden kann)	04.10.2004
Die Kündigung wird dann wirksam zum	31.12.2004

Beispiel 2:

Zuschlag	01.10.2004
Die Kündigung müsste ebenfalls spätestens zugehen am	04.10.2004
Das ist nicht zu schaffen! Die Zivilgerichte räumen Ihnen in diesem Fall eine Frist ein bis zum	04.11.2004
Die Kündigung wird dann wirksam zum	31.01.2005

Aber Vorsicht: Im Streitfall müssen Sie nachweisen, dass die rechtzeitige Kündigung unmöglich war.

Praxistipp

Findet der Versteigerungstermin wie in Beispiel 2 nur wenige Tage vor dem ersten zulässigen Kündigungstermin statt, gehen Sie am besten wie folgt vor: Beantragen Sie als Meistbietender, der sein Ausnahmekündigungsrecht ausüben will, nach Schluss der Bietzeit bei dem Rechtspfleger unter Hinweis auf die zu knappe Frist eine Aussetzung der Zuschlagserteilung für eine Woche. Der anwesende Bankenvertreter wird diesen Antrag sicherlich verständnisvoll unterstützen. Der Rechtspfleger wird dann einen separaten Termin zur Verkündung des Zuschlags bestimmen, der nach dem dritten Werktag des Monats liegt. Diesen Termin müssen Sie nicht persönlich wahrnehmen.
Dieses Vorgehen verschafft Ihnen für die fristgerechte Kündigung hinreichend Zeit.

Kündigungsgründe

Sie können Ihr Ausnahmekündigungsrecht aber nicht willkürlich gegenüber dem Mieter durchsetzen. Bei Mietverhältnissen über Wohnraum steht das Ausnahmekündigungsrecht unter dem Vorbehalt des Mieterkündigungsschutzes. Deshalb müssen Sie in jedem Fall einen **Kündigungsgrund** haben.

Als Kündigungsgrund kommen in Betracht:
- begründeter Eigenbedarf oder
- Behinderung einer angemessenen Verwertung.

Ihr Mieter kann der Kündigung spätestens zwei Monate vor der Beendigung des Mietverhältnisses schriftlich widersprechen und eine Fortsetzung des Mietverhältnisses verlangen.

Fazit: Das Ausnahmekündigungsrecht setzt also wie eine normale Kündigung einen Kündigungsgrund voraus. Es verschafft Ihnen nur einen **zeitlichen Vorteil**, weil es Sie von vertraglich vereinbarten oder kraft Gesetz verlängerten Kündigungsfristen befreit.

Form der Kündigung

Wohnraum müssen Sie stets **schriftlich kündigen** und in dem entsprechenden Schreiben die Gründe der Kündigung angeben. Ferner ist auf das Ausnahmekündigungsrecht und auf die Möglichkeit des Widerspruchs sowie auf Form und Frist dieses Widerspruchs hinzuweisen. Folgt der Mieter der Kündigung nicht oder legt er Widerspruch ein, müssen Sie **Räumungsklage** erheben und ein Räumungsurteil erstreiten. In diesem Fall sollten Sie einen Rechtsanwalt einschalten, der das zeitaufwendige Verfahren, das nicht selten länger als ein Jahr dauern kann, für Sie durchführt.

Zugang der Kündigung

Praxistipp

Wichtig ist, dass Sie den fristgerechten Zugang Ihrer Kündigung **nachweisen** können. Da Sie das Ausnahmekündigungsrecht nur zum ersten zulässigen Termin ausüben können und den Zugang der Kündigung bis zu diesem Termin nachweisen müssen, sollten Sie sicherheitshalber einen **Gerichtsvollzieher mit der Zustellung des Kündigungsschreibens beauftragen**.

Im Falle der Abwesenheit des Mieters gilt die Kündigung nämlich nur bei diesem förmlichen Verfahren durch den Gerichtsvollzieher als zugegangen.

Ausschluss des Ausnahmekündigungsrechts

Leider kann es Ihnen passieren, dass Sie als potenzieller Selbstnutzer eine vermietete Wohnung ersteigert haben und nach dem Zuschlag feststellen, dass Ihr Ausnahmekündigungsrecht ausgeschlossen ist und Sie daher Jahre auf Ihren Einzug warten müssen.

Es gibt **drei Fälle**, in denen Sie sich als Ersteher nicht auf den zeitlichen Vorteil einer Ausnahmekündigung verlassen können:

- In **Teilungsversteigerungsverfahren** gilt die Vorschrift über die Ausnahmekündigung generell nicht. Natürlich können Sie in diesem Fall Ihr vertragliches Kündigungsrecht ausüben. Sie sollten aber den Mietvertrag kennen, um sicher zu sein, dass eine zeitnahe Kündigung möglich ist.

- Ist das Versteigerungsobjekt eine **Altbaumietwohnung**, die **erst nach der Vermietung an den jetzigen Mieter in eine Eigentumswohnung umgewandelt wurde**, kann Ihr Ausnahmekündigungsrecht für drei Jahre und in Ballungszentren sogar in Einzelfällen für bis zu zehn Jahre ausgeschlossen sein. Die Frist beginnt mit dem ersten Verkauf der Eigentumswohnung an den Schuldner oder seinen Vorgänger. Um herauszufinden, ob Sie das Ausnahmekündigungsrecht ausüben können, müssen Sie **durch Einsicht in den Grundbuchauszug** ermitteln,

- wann die Teilung in Wohnungseigentum erfolgte (siehe Bestandsverzeichnis) und
- wann der Schuldner oder sein Vorgänger Eigentümer geworden ist (siehe Abteilung I).

Versuchen Sie auch herauszufinden, ob ab diesem Zeitpunkt bereits ein Mieterwechsel stattgefunden hat. Ist der Mieter, der zum Zeitpunkt der Teilung die Wohnung bewohnte, bereits ausgezogen, können Sie Ihr Kündigungsrecht vorbehaltlos ausüben.

- Das Ausnahmekündigungsrecht kann in einem weiteren, komplizierten, aber auch seltenen Fall erheblich eingeschränkt sein: Hat der Mieter die Miete zur Errichtung oder Instandsetzung seiner Wohnung im Voraus entrichtet (so genannte abwohnbare Mietvorauszahlung) oder zum gleichen Zweck einen nicht rückzahlbaren Zuschuss in Höhe von mehr als einer Jahresmiete geleistet (so genannter verlorener Baukostenzuschuss), können Sie als Ersteher erst dann kündigen, wenn die entsprechenden Beträge gemäß der Vereinbarung zwischen dem Mieter und dem Voreigentümer abgewohnt sind. Diese Vorschrift stammt aus der Nachkriegszeit und hat heute in der Praxis kaum noch Bedeutung.
  Sie wird allerdings gelegentlich von taktierenden Schuldnern und Mietern dazu missbraucht, Sie als Interessenten zu verunsichern, abzuschrecken und so die Versteigerung zu verhindern. Über die Wirksamkeit der häufig manipulierten Vereinbarungen entscheidet aber nicht der Rechtspfleger im Versteigerungstermin, sondern erst das Zivilgericht im Rahmen einer Räumungsklage, die Sie gegen den Mieter anstrengen müssten. Weil dieses Risiko kaum ein Bietinteressent eingeht, bleibt häufig dem betreibenden Gläubiger nur der teure und zeitaufwendige Weg, das Objekt selbst anzusteigern, den Mieter herauszuklagen und die Immobilie anschließend auf dem freien Markt zum Verkauf anzubieten.

Woran Sie nach dem Zuschlag denken müssen, haben wir in nachfolgender Checkliste für Sie zusammengestellt:

Checkliste: Was Sie nach dem Zuschlag in Angriff nehmen müssen

- Bei dem Rechtspfleger erfragen, ob das Objekt unter Zwangsverwaltung steht.

- Namen und Anschrift des Zwangsverwalters notieren, diesem Ihre Kontoverbindung für die Abrechnung Ihres Ersteheranteils mitteilen.
- Versicherungsschutz für das Gebäude prüfen, notfalls vorsorglich eine Gebäudeversicherung abschließen.
- Namen des Mieters bei dem Gericht oder dem Zwangsverwalter ermitteln.
- Mit dem Mieter Kontakt aufnehmen, Überweisung der Miete auf Ihr Konto sicherstellen.
- Frist für den Zugang der Ausnahmekündigung gegenüber dem Mieter beachten.
- Übernommene Grundschuld direkt ablösen, mit der Gläubigerbank Rückzahlungsmodalitäten vereinbaren.
- Leer stehendes Objekt sichern, Schlösser sofort austauschen.
- Dem im Objekt wohnenden Schuldner eine Räumungsfrist setzen und eine Nutzungsentschädigung auferlegen.
- Finanzierung des Meistgebots mit Ihrer Hausbank sicherstellen.

Der Verteilungstermin – Wann und wie Sie an das Gericht zahlen müssen

Verteilungstermin ist Zahltag

Das Meistgebot, zu dem Sie den Zuschlag erhalten haben, müssen Sie spätestens im Verteilungstermin an das Gericht zahlen. Diesen Termin bestimmt der Rechtspfleger meistens bereits am Tag der Verkündung des Zuschlags. Deshalb erhalten Sie gleichzeitig mit dem Zuschlagsbeschluss auch eine Verteilungsterminbestimmung, aus der sich der konkrete **Zahlungstermin** ergibt. In aller Regel lassen die Amtsgerichte Ihnen mindestens **sechs bis acht Wochen** Zeit, Ihr Meistgebot zu zahlen.

Praxistipp

Stimmen Sie bereits direkt im Anschluss an den Versteigerungstermin mit dem Rechtspfleger einen Verteilungstermin ab, der Ihnen genügend zeitlichen Spielraum für die Finanzierung lässt und den Sie notfalls auch persönlich wahrnehmen können, wenn Sie bar zahlen wollen.

Verzinsung: 4 %

Als Ausgleich dafür, dass Sie das Objekt bereits ab Zuschlag persönlich nutzen können oder Mieten vereinnahmen, müssen Sie auf Ihr Meistgebot vom Tag des Zuschlags bis einen Tag vor dem Verteilungstermin **4 % Zinsen** zahlen. Vorzeitige Zahlungen oder Überweisungen an das Gericht entbinden Sie nicht von der Verzinsungspflicht.
Die Verzinsung entfällt nur dann, wenn Sie einen Teil des Meistgebots oder den gesamten Betrag bereits vor dem Versteigerungstermin in einem förmlichen Verfahren bei der **Hinterlegungsstelle** des Amtsgerichts unter Verzicht auf die Rücknahme hinterlegen und dies im Verteilungstermin nachweisen.

Praxistipp

Besprechen Sie vorzeitige Zahlungen unbedingt mit dem Rechtspfleger. Er muss die Zinsen neu berechnen und wird Ihnen auch bei den Formalien der Hinterlegung behilflich sein.

Wie Sie das noch zu zahlende Meistgebot richtig berechnen

Sicherheitsleistung gilt als Anzahlung

Die von Ihnen im Versteigerungstermin geleistete Sicherheit von 10 % des Verkehrswertes gilt als Anzahlung auf das Meistgebot und wird dann nicht verzinst, wenn Sie im Versteigerungstermin ausdrücklich erklären, dass die Sicherheit unter Verzicht auf die Rücknahme hinterlegt werden soll. Es gebieten die Grundsätze eines fairen Verfahrens, dass der Rechtspfleger Sie auf diese günstige Möglichkeit bereits im Versteigerungstermin besonders hinweist.

Die Meistgebotszinsen berechnet das Gericht richtigerweise exakt nach Kalendertagen und nicht nach der bei Banken üblichen Methode, die jeden Monat nur mit 30 Tagen berücksichtigt.

Beispiel

Bares Meistgebot	150 000 €
Anzurechnende Sicherheitsleistung	20 000 €
Zuschlagserteilung	09.10.2003
Verteilungstermin	28.11.2003

Die Meistgebotszinsen betragen:
4 % von 130 000 € für die Zeit vom 09.10.1999 (Zuschlag) bis zum 27.11.2003 (Tag vor Verteilungstermin), das sind 50 Tage bei 365 Zinstagen im Jahr = 712,33 €.

Ihr restliches Meistgebot zuzüglich der Bargebotszinsen (im Beispiel 130 712,33 €) muss dem Rechtspfleger spätestens im Verteilungstermin vorliegen. Wie Sie Zahlungen leisten können, bestimmt das Gesetz. Darin heißt es: „Das Bargebot kann entrichtet werden durch Überweisung oder Einzahlung auf ein **Konto der Gerichtskasse**, sofern der Betrag der Gerichtskasse vor dem Verteilungstermin gutgeschrieben ist und ein Nachweis hierüber im Termin vorliegt, oder durch Barzahlung." Wenn Sie nicht im Termin bar zahlen wollen, müssen Sie Ihr Meistgebot zuzüglich der Zinsen auf ein Konto der Gerichtskasse als so genanntes **Verwahrgeld** überweisen.
Beachten Sie die gesetzliche Regelung, dass der Nachweis über Ihre Überweisung dem Gericht spätestens im Verteilungstermin von der Gerichtskasse vorliegen muss.
Zur Übermittlung dieses Nachweises benötigt die Gerichtskasse in der Praxis mindestens eine Woche, die Sie leider einkalkulieren müssen. Die Überweisung müssen Sie deshalb unbedingt **rechtzeitig** – und zwar schon **etwa zehn bis 14 Tage vor dem angesetzten Termin** – veranlassen, damit der Nachweis über den Zahlungseingang dem Rechtspfleger mit Sicherheit rechtzeitig vorliegt. Verspätete Zahlung oder sogar nur ein verspätet vorliegender Nachweis führt automatisch im Verteilungstermin zur Feststellung, dass nicht gezahlt sei. Ein für Sie äußerst unangenehmer und kostenträchtiger Umstand, auf den wir noch zu sprechen kommen und den Sie unbedingt vermeiden müssen. Bei größeren Summen lohnt es sich, einen Hinterlegungsantrag zu stellen, weil Ihnen trotz der Überweisung bereits 14 Tage vor dem Termin die Zinsen ab Eingang nicht erstattet werden. Im Falle der Hinterlegung entfällt die Verzinsungspflicht bereits mit Eingang der Zahlung bei Gericht. Fragen Sie den Rechtspfleger nach den erforderlichen Formalitäten.
Im Idealfall erhalten Sie zusammen mit dem Zuschlag und der Verteilungsterminbestimmung ein Schreiben des Gerichts, aus dem sich der genaue von Ihnen noch zu zahlende Betrag und die erforderlichen Angaben für Ihre Überweisung ergeben. **Prüfen Sie die Berechnung unbedingt nach**.
Das „Ersteheranschreiben" im Beispielsfall könnte so aussehen:

84 K 210/03

AMTSGERICHT DÜSSELDORF

In dem Verfahren zur Zwangsversteigerung
einer Eigentumswohnung in Düsseldorf-Derendorf

Grundbuchbezeichnung:

Grundbuch von Derendorf Blatt 11233

123/1 000 Miteigentumsanteil an dem Grundstück
Gemarkung Derendorf, Flur 8, Flurstück 567,
Gebäude- und Freifläche, Pfalzstraße 8, Größe 345 m^2
verbunden mit dem Sondereigentum an der Wohnung im 1. Obergeschoss links nebst Kellerraum im Kellergeschoss, im Aufteilungsplan mit **Nr. 4** bezeichnet

Eigentümer:
Siegfried Schuld, Armengasse 13, 76543 Musterstadt

wird mitgeteilt, dass sich das im Verteilungstermin zu zahlende **Meistgebot** wie folgt berechnet:

a) bares Meistgebot	144 100,00 €
abzgl. bereits erbrachter Sicherheitsleistung	18 500,00 €
Rest	125 600,00 €
b) 4 % Zinsen daraus für die Zeit vom 22.03.2004 bis 13.05.2004 (= 53 Tage bei 366 Zinstagen p. a.)	727,52 €
noch zu zahlen:	**126 327,52** €

Sie haben folgende Möglichkeiten der Zahlung:

a) Barzahlung im Termin
(exakter Betrag, möglichst in großen Scheinen)

b) Überweisung auf das Konto der Gerichtskasse Düsseldorf
Nr. 300 015 10 bei der Deutschen Bundesbank (BLZ 300 000 00) unter Angabe des Verwendungszweckes
„Verwahrgeld; Steigpreis im Zwangsversteigerungsverfahren gegen **Siegfried Schuld, Musterstadt – 084 K 210/03"**

Die Überweisung oder Einzahlung auf das Konto der Gerichtskasse muss **mindestens 2 Wochen vor dem Verteilungstermin** veranlasst werden, damit die vom Gesetz vorgeschriebene schriftliche Buchungsbestätigung der Gerichtskasse dem Gericht im Verteilungstermin vorliegt

Der rechtzeitige Eingang des Betrages auf dem Konto der Gerichtskasse reicht alleine nicht aus!

Verspätete Überweisungen oder Einzahlungen müssen vom Gericht als Nichtzahlungen behandelt werden! Dies hat zur Folge, dass vollstreckbare Forderungen gegen Sie entstehen und Sicherungshypotheken in das Grundbuch eingetragen werden.

Sie können sich von der Verzinsungspflicht befreien, wenn Sie das Bargebot bei Gericht unter Verzicht auf die Rücknahme hinterlegen. Dazu müssen Sie ausdrücklich bei der Hinterlegungsstelle des Amtsgerichts einen entsprechenden Antrag stellen. Die einfache Überweisung des Betrages auf das Konto der Gerichtskasse reicht dazu nicht aus.

Es wird um kurzfristige Mitteilung (ggf. telefonisch – 8306/Durchwahl) gebeten, auf welche Weise die Zahlung erfolgen wird.

Düsseldorf, 22.03.2004
Genau
Rechtspfleger

Praxistipp

Sofern Sie kein solches Schreiben des Versteigerungsgerichts erhalten, erkundigen Sie sich am besten telefonisch beim zuständigen Rechtspfleger über

- die genaue Höhe Ihrer restlichen Zahlungspflicht und
- die zugelassenen Zahlungsmodalitäten, insbesondere bei unbarer Überweisung an die Gerichtskasse vor dem Termin.

Halten Sie den beschriebenen Weg, vor allem die angeratenen Fristen genau ein, andernfalls entstehen Ihnen gravierende Nachteile. Verspätete Überweisungen muss der Rechtspfleger im Termin als Nichtzahlung des Meistgebots behandeln. Es kommt dabei nicht auf den Zeitpunkt des tatsächlichen Zahlungseingangs bei der Gerichtskasse an, sondern allein auf den **behördeninternen Nachweis** der Einzahlung, der zum Verteilungstermin vorliegen muss. Eine Überweisung per „Blitzgiro" nur wenige Tage vor dem Termin genügt nicht! Fragen Sie kurz vor dem Verteilungstermin beim Rechtspfleger telefonisch nach, ob Ihre Zahlung angekommen ist. Wenn alles in Ordnung ist, können Sie auf eine Teilnahme am Termin selbst verzichten.

Welche Rechnungen Sie erwarten

Über die **Zuschlagsgebühr** (rund 0,5 % des Meistgebots) geht Ihnen eine separate Rechnung von der Gerichtskasse zu.

Den **Grunderwerbsteuerbescheid**, den das zuständige Finanzamt auf der Grundlage des Zuschlagsbeschlusses automatisch erlässt (3,5 % des Meistgebots), erhalten Sie etwa innerhalb von sechs Wochen nach dem Zuschlag. Beides müssen Sie aber nicht bereits bis zum Verteilungstermin gezahlt haben. Sie können deshalb die z. B. vom Finanzamt gesetzte Zahlungsfrist ruhig ausschöpfen.

Wie Sie die Finanzierung des Meistgebots sicherstellen

Beachten Sie, dass Ihnen bis zum Verteilungstermin nur rund sechs bis acht Wochen Zeit bleiben. Da Sie in der Regel einen großen Teil des Meistgebots finanzieren müssen, sollten Sie deshalb unmittelbar nach dem Zuschlag damit beginnen, das Gespräch mit Ihrem Kreditinstitut vorzubereiten und die dafür notwendigen Unterlagen zu beschaffen. Neben Nachweisen über Ihre persönlichen Vermögensverhältnisse wie laufendes Einkommen und Eigenkapital möchte Ihre Bank zahlreiche objektbezogene Finanzierungsunterlagen sehen, die in der nachstehenden Checkliste für Sie zusammengestellt sind:

Checkliste: Unterlagen für die finanzierende Bank

- **Eine Ausfertigung des Zuschlagsbeschlusses**, der Sie als neuen Eigentümer ausweist und außerdem den Grundbuchauszug ersetzt. Der Zuschlagsbeschluss wird Ihnen automatisch wenige Tage nach dem Versteigerungstermin förmlich zugestellt. Machen Sie für sich einige Kopien, Sie werden häufiger nach dem Beschluss gefragt. Er dient Ihnen als Eigentümerausweis.
- **Das Ersteheranschreiben des Gerichts**. Darin hat der Rechtspfleger das von Ihnen im Verteilungstermin noch zu zahlende Meistgebot unter Anrechnung der Sicherheitsleistung und zuzüglich der Bargebotszinsen errechnet und die Zahlungsmöglichkeiten aufgezeigt.
- **Die Verteilungsterminbestimmung**, aus der sich ergibt, wie viel Zeit Sie mit Ihrer Bank für die Finanzierung bis zur Darlehensauszahlung haben. Denken Sie bei Ihrer Zeitplanung daran, dass Sie Überweisungen bereits ein bis zwei Wochen vor dem Termin in Auftrag geben müssen.
- **Eine Kopie des gerichtlichen Verkehrswertgutachtens**, die Sie entweder kostenlos vom betreibenden Gläubiger oder auf Antrag vom Gericht erhalten. Häufig wird der
- Terminvertreter des betreibenden Gläubigers sogar im Anschluss an den Versteigerungstermin bereit sein, Ihnen seine Ausfertigung des Gutachtens zu überlassen.
- Nur wenn Sie ein Grundstück ersteigert haben: einen **Auszug aus dem Liegenschaftskataster**, den Sie auf Antrag beim Katasteramt erhalten. Regelmäßig wird dieser Auszug aber bereits Anlage zum Verkehrswertgutachten sein.
- Einen **Nachweis über das Bestehen einer Gebäudeversicherung**, wenn ihr Versteigerungsobjekt ein bebautes Gründstück ist.
- Beim Erwerb einer Eigentumswohnung eine **Kopie der Teilungserklärung**, die Ihnen auf Anfrage der WEG-Verwalter oder das Grundbuchamt gegen Erstattung der Schreibauslagen zur Verfügung stellt.
- Auf Verlangen des Finanzierungsinstituts ein **Beleg über die gezahlte Grunderwerbsteuer**, damit der Eintragung des Finanzierungsrechts nach der Berichtigung des Grundbuchs nichts im Wege steht. Liegt der Bescheid noch nicht vor, können Sie Ihrer Bank notfalls anbieten, dass Sie die Grunderwerbsteuer später selbst aus dem Darlehen an das Finanzamt überweisen.

Benötigen Sie einen Grundbuchauszug?

Häufig verlangen die Banken völlig überflüssigerweise von Ihnen einen Grundbuchauszug. Eine aktuelle Ausgabe dieses Auszugs gibt es aber zu diesem Zeitpunkt noch nicht. Das Grundbuch weist immer noch den Schuldner als Eigentümer aus und enthält alle, insbesondere auch die erloschenen, Belastungen. Sie sind noch nicht im Grundbuch als neuer Eigentümer eingetragen. Ihr alleiniger Eigentumsnachweis ist der Zuschlagsbeschluss.
Weisen Sie Ihre Bank darauf hin, dass der Grundbuchauszug, den Sie derzeit beschaffen können, überholt ist und sich als Eigentümernachweis nicht eignet.

Erst wenn das Grundbuch im Anschluss an den Verteilungstermin auf Ihren Namen berichtigt ist, kann das Geldinstitut seine Beleihungsunterlagen durch einen aussagefähigen Grundbuchauszug vervollständigen.

Wann kommt Ihr Finanzierungsrecht in das Grundbuch?

Das Eigentum ist zwar bereits durch den Zuschlag unabhängig von der Zahlung des Meistgebots auf Sie übergegangen. Im Grundbuch werden Sie aber erst dann als neuer Eigentümer eingetragen, wenn Sie das Meistgebot vollständig gezahlt haben. Auch die Grundschuld, die Sie zur Finanzierung des Meistgebots von einem Notar beurkunden lassen, kann erst nach dem Verteilungstermin im Grundbuch eingetragen werden. Ihre Bank muss also entgegen ihrer üblichen Praxis das Darlehen bereits zum Verteilungstermin und damit vor der Grundbucheintragung ihrer Grundschuld auszahlen. Das überfordert viele unerfahrene Kreditsachbearbeiter, weil sie die gesetzliche Regelung nicht kennen.
Nach dieser Vorschrift kann nämlich der Notar, der Ihre Grundschuld beurkundet, den Antrag auf Eintragung des Finanzierungsrechts bereits vor Berichtigung des Grundbuchs rangwahrend beim Grundbuchamt einreichen.
Das Grundbuch versieht den Antrag mit einem Eingangsstempel und bewahrt ihn so lange auf, bis das Eintragungsersuchen des Versteigerungsgerichts eintrifft. Allein das Einreichen genügt für eine spätere ranggerechte Eintragung des Finanzierungsrechts.
Weisen Sie bei Problemen daher Ihren Kreditsachbearbeiter oder Notar auf folgende Sonderregelung hin:

> Die rangwahrende Antragstellung gemäß § 130 Abs. 3 ZVG ersetzt vorläufig die Eintragung des Finanzierungsrechts im Grundbuch.

Für die Bank genügt ein Rangattest des Notars

Hat der Notar den Antrag abgegeben, und liegt dem Grundbuchamt nicht bereits ein weiterer Eintragungsantrag vor, kann der Notar für Ihre Bank das zur Auszahlung des Darlehens erforderliche Rangattest ausstellen. In der Praxis ist jedoch häufig festzustellen, dass kleinere Kreditinstitute und unerfahrene Sachbearbeiter mit den Besonderheiten der Meistgebotsfinanzierung häufig nicht vertraut sind. Sie sind keine Juristen und gehen häufig nach dem Schema vor, dass sie von der Finanzierung eines gekauften Objekts kennen. Das kann allerdings wegen der knappen Zeit bis zum Verteilungstermin zum Scheitern Ihrer Finanzierung und damit für Sie zu unangenehmen Folgen führen.

Welche Grundsätze Sie beachten müssen

Um Ihre Interessen zu wahren und eine rechtzeitige Auszahlung des Darlehens zum Verteilungstermin zu gewährleisten, muss Ihr Kreditsachbearbeiter daher die Grundsätze beachten, die in der nachstehenden Checkliste zusammengetragen sind. Wenn es Probleme gibt, sollten Sie Ihrem Kreditsachbearbeiter diese Liste zur Verfügung stellen:

Grundsätze, die Sie bei der Finanzierung des Meistgebots beachten müssen

- Das Eigentum an dem zu beleihenden Objekt ist außerhalb des Grundbuchs durch Zuschlagsbeschluss auf Sie als Ersteher übergegangen. Als Eigentumsnachweis genügt daher eine Ausfertigung des Zuschlagsbeschlusses.
- Einen Grundbuchauszug benötigt auch der Notar, der die Bestellung der Finanzierungsgrundschuld beurkundet, nicht. Das Beleihungsobjekt ist im Zuschlagsbeschluss genauso wie im Grundbuch bezeichnet.
- Die von Ihnen als Ersteher übernommenen Rechte, die dem Finanzierungsrecht im Range vorgehen, sind ebenfalls im Zuschlagsbeschluss aufgeführt. Bleiben keine Rechte bestehen, wird darauf im Beschluss besonders hingewiesen. Für Ihre finanzierende Bank bedeutet das: Eine Beleihung an bester Rangstelle ist möglich.
- Ein Beleihungsgutachten ist völlig unnötig, wenn Sie als Ersteher die Kopie eines gerichtlichen Verkehrswertgutachtens neueren Datums vorlegen. In dem viel ausführlicheren Gerichtsgutachten hat ein vereidigter Sachverständiger den Verkehrswert nach den geltenden Bewertungsmethoden ermittelt. Die Kosten für ein weiteres Kurzgutachten Ihrer Bank dürfen daher nicht zu Ihren Lasten gehen. Verhandeln Sie darüber!

- Die Eintragung der Grundschuld für Ihr finanzierendes Kreditinstitut im Grundbuch kann grundsätzlich erst nach der Auszahlung des Darlehens erfolgen. Der vom Notar beim Grundbuchamt eingereichte Antrag wirkt jedoch rangwahrend und sichert bis zur Berichtigung des Grundbuchs eine ranggemäße Eintragung. Die Interessen Ihrer Bank sind daher gewahrt!
- Die Zahlung der Grunderwerbsteuer können Sie Ihrer Bank bis zur Auszahlung des Darlehens im Normalfall nicht nachweisen, weil Ihnen der Grunderwerbsteuerbescheid noch nicht vorliegt. Besteht Ihre Bank auf eine Sicherstellung, kann sie den Betrag der Grunderwerbsteuer in die Finanzierung einbeziehen und bei Fälligkeit aus dem Darlehen an das Finanzamt überweisen.
- Müssen Sie als Ersteher das Meistgebot im Verteilungstermin bar zahlen, weil die Zeit für eine rechtzeitige Überweisung nicht mehr ausreicht, kann auch ein Vertreter der Bank das Geld übergeben. Dadurch ist die zweckgemäße Verwendung des Darlehens sichergestellt. Einige Gerichte akzeptieren in diesem Fall trotz der Gesetzesänderung auch noch einen bestätigten Scheck einer Filiale der Bundesbank. Klären Sie diese Zahlungsweise aber mit dem Rechtspfleger.
- Finanziert Ihre Bank nur einen Teil des Meistgebots, muss sie, um sicherzugehen, dass der restliche Betrag des Meistgebots von Ihnen auch an das Gericht gezahlt wird, diese Überweisung überwachen.
- Die vom Gericht gesetzten Fristen für die Überweisung sind von Ihrer Bank unbedingt einzuhalten, andernfalls drohen Ihnen empfindliche Nachteile. Die in der Praxis häufig erlebte Überweisung per Blitzgiro am Tag vor dem Termin reicht nicht aus. In diesem Fall muss der Rechtspfleger den zu spät eingehenden Geldbetrag sogar zurücküberweisen!

Verspätete Zahlung: die Wiederversteigerung droht

Was im schlimmsten Fall passiert

Gelingt Ihnen die Finanzierung nicht vollständig und rechtzeitig, macht der Rechtspfleger Sie zum neuen Schuldner der Banken, die etwas aus dem Meistgebot erhalten hätten. Er trägt für die Gläubiger des Verfahrens in der Rangfolge ihrer Ansprüche Sicherungshypotheken in das Grundbuch ein.

Die alten Gläubiger aus dem Verfahren sind dann auch Ihre Gläubiger. Sie können aus den Sicherungshypotheken bereits aufgrund einer vollstreckbaren Ausfertigung des Zuschlagsbeschlusses gegen Sie die Zwangsvollstreckung betreiben.
Zahlen Sie also das Meistgebot nicht, sind Sie dem sofortigen Vollstreckungszugriff der Gläubiger ausgesetzt.
Vollstrecken können die Gläubiger entweder in Ihr gesamtes sonstiges Vermögen oder in das von Ihnen ersteigerte Objekt. Dieses Verfahren, das gegen Sie angeordnet wird, nennt der Jurist „**Wiederversteigerung**“.

Praxistipp

Zahlen Sie unbedingt rechtzeitig das Meistgebot, da die Gläubiger ansonsten unter erleichterten Voraussetzungen ein Wiederversteigerungsverfahren gegen Sie einleiten können. Sehen Sie sich zu rechtzeitiger Zahlung außerstande, sollten Sie den Rechtspfleger und den betreibenden Hauptgläubiger informieren und dennoch zum Verteilungstermin erscheinen.
Haben Sie keine Sicherheit geleistet, wird die spätere Abwicklung auch in Ihrem Interesse erheblich erleichtert, wenn Sie zumindest den Teil des Meistgebots zahlen, der auf die Verfahrenskosten und die Grundsteuer entfällt. Für diese Gläubiger müssen dann keine Sicherungshypotheken in das Grundbuch eingetragen werden.

- Den Verteilungstermin kann das Gericht grundsätzlich nicht vertagen.
- Verspätete Zahlungen kann der Rechtspfleger nicht annehmen.
- Nicht rechtzeitig zum Termin nachgewiesene Einzahlungen muss er Ihnen sogar zurücküberweisen.

In diesem Fall sollten Sie gemeinsam mit Ihrer finanzierenden Bank am besten einen Notar mit der Abwicklung beauftragen. Sind bereits Sicherungshypotheken im Grundbuch eingetragen, kann der Notar die Ansprüche der Gläubiger ausgleichen und sich gleichzeitig eine Löschungsbewilligung aushändigen lassen. Die Kosten für die Eintragung und Löschung der Sicherungshypotheken im Grundbuch tragen allein Sie.
Einfacher ist es, wenn noch keine Sicherungshypotheken im Grundbuch eingetragen sind. In diesem Fall genügt es, wenn Sie alle aus dem Teilungsplan ersichtlichen Forderungen der

Gläubiger ausgleichen. Im Gegenzug müssen alle Gläubiger in öffentlich beglaubigter Form auf die Eintragung einer Sicherungshypothek für die übertragene Forderung verzichten. Diese Verzichtserklärungen müssen Sie sofort an den Rechtspfleger weiterleiten, damit er sie bei seinem Ersuchen an das Grundbuchamt auch berücksichtigt. Weitere Grundbuchkosten entstehen Ihnen dann nicht.

Praxistipp

Sie sollten Ihre Vorgehensweise immer mit dem Versteigerungsgericht abstimmen. Gelingt es Ihnen kurzfristig, Verzichtserklärungen einzuholen, wird der Rechtspfleger bereit sein, das Grundbuchersuchen für einen gewissen Zeitraum zurückzustellen.

Die Wohngeldfrage bei Eigentumswohnungen – Wer haftet?

Was ist Wohngeld?

Sind Sie Eigentümer einer Eigentumswohnung geworden, tragen Sie vom Zuschlag an auch die gemeinschaftlichen Kosten der Instandhaltung und Instandsetzung des im Gemeinschaftseigentum stehenden Gebäudes sowie die Kosten der Verwaltung, und zwar nach dem Verhältnis Ihres Anteils. Der bestellte WEG-Verwalter erhebt für diese Kosten monatlich ein so genanntes **Wohngeld** (auch **Hausgeld** genannt), für das Sie vom Tag des Zuschlags an haften.

Die Höhe des auf Sie entfallenden Wohngelds ergibt sich aus dem zuletzt verabschiedeten Wirtschaftsplan. Ihre monatliche Zahlungsverpflichtung stellt einen Vorschuss auf die im Wirtschaftsjahr anfallenden Gesamtkosten der Gemeinschaft dar.

Haften Sie für Rückstände?

Für Rückstände von Wohngeld aus der Zeit vor Zuschlag, die der insolvente Schuldner nicht gezahlt hat, haften Sie grundsätzlich nicht. Dies gilt sogar dann, wenn ausdrücklich in der Teilungserklärung eine anders lautende Regelung getroffen wurde. Auch ein entsprechender Beschluss der Wohnungseigentümergemeinschaft, durch den Ihnen Rückstände aufgebürdet werden, verstößt gegen eine gesetzliche Versteigerungsbedingung und ist daher nichtig.

Dennoch könnte sich für Sie aus einem anderen Grund eine geringe Nachzahlungspflicht ergeben. Das als Vorschuss gezahlte Wohngeld wird erst nach Ablauf des Wirtschaftsjahres abge-

Die „Abrechungs-spitze“

rechnet und den einzelnen Einheiten anteilig zugeordnet. Ergeben sich Defizite, müssen die einzelnen Miteigentümer sie nach einem entsprechenden Beschluss der Wohnungseigentümergemeinschaft im darauf folgenden Jahr ausgleichen. Nach der jetzt geltenden Rechtsprechung haften Sie jedoch, wenn die Gemeinschaft nach Ihrem Erwerb durch Zuschlag über Nachzahlungspflichten beschließt, nur für die so genannte **Abrechnungsspitze**. Darunter ist die Restforderung zu verstehen, die sich aus der Differenz zwischen den tatsächlichen Ausgaben und den nach dem Wirtschaftsplan zu leistenden Wohngeldvorschüssen ergibt.
Es kommt jedoch dabei nicht darauf an, ob der Schuldner als Ihr Vorgänger diese Wohngeldvorauszahlungen tatsächlich geleistet hat oder nicht. Zur Veranschaulichung folgt ein Beispiel für eine **korrekte Abrechnung** eines WEG-Verwalters im Fall der Versteigerung:

Jahresabrechnung 2003 vom 14.03.2004		
Tatsächliche Ausgaben der Gemeinschaft im Wirtschaftsjahr 2003 (auf die Aufschlüsselung der Einzelpositionen können wir hier verzichten)		19 870,00 €
Anteil Ihrer durch Zuschlag am 01.09.2003 ersteigerten Wohnung (126,39/1000 Miteigentumsanteil laut Grundbuch)		**2 511,37 €**
Anzurechnen sind beschlossene Wohngeldvorschüsse (monatlich 200 €):		
a) Monate Januar bis März 1999 (vom Schuldner **gezahlt**)		600,00 €
b) Monate April bis August 1999 (vom Schuldner **nicht gezahlt**)		1 000,00 €
c) Monate September bis Dezember 1999 (von Ihnen als Ersteher gezahlt)		800,00 €
	Sa.	**2 400,00 €**
Abrechnungsspitze, für die Sie als Ersteher aufgrund eines Beschlusses der Gemeinschaft aufkommen müssen		**111,37 €**

Der WEG-Verwalter muss nach der vorstehenden Berechnung von dem auf Sie entfallenden Anteil der Gesamtkosten nicht nur die tatsächlich geleisteten Wohngeldvorschüsse, sondern für die Zeit vor Zuschlag das Gesamtsoll der fälligen Wohngelder in Abzug bringen.
Genau darin liegt der Fehler vieler Abrechnungen in der Praxis. Prüfen Sie deshalb insbesondere die erste Abrechnung im Jahr nach Ihrem Zuschlag sehr genau. Häufig haben die Schuldner schon seit geraumer Zeit die Wohngeldzahlungen an den WEG-Verwalter eingestellt.
Bezieht der Verwalter dennoch vom Schuldner nicht geleistete Vorauszahlungen (in unserem Beispiel: 1 000 €) in Ihre Zahlungspflicht ein, können Sie auf einer Korrektur bestehen. Das vom Schuldner nicht gezahlte Wohngeld muss von der Gemeinschaft insgesamt und nicht von Ihnen allein getragen werden.
Nach einer Entscheidung des Bundesgerichtshofs haften Sie selbst dann nicht, wenn die Gemeinschaft über Ihre Nachzahlungsverpflichtung Beschluss gefasst hat und Sie es versäumt haben, diesen Beschluss anzufechten.

Ihre Nachzahlungspflicht wird sich jedoch dann nicht auf die so genannte Abrechnungsspitze beschränken, wenn die Gemeinschaft die nicht geleisteten Vorauszahlungen vom Schuldner nicht beitreiben kann. In diesem Fall muss die Mehrheit der zahlungsfähigen Miteigentümer als Solidargemeinschaft die Wohngeldrückstände nach dem allgemeinen Kostenverteilungsschlüssel unter sich aufteilen. Die Aufteilung erfolgt nach Feststehen des Ausfalls im Wege eines „Nachtragshaushalts" durch Beschluss aller Eigentümer in der jährlich stattfindenden Eigentümerversammlung. Sie haften als neues Mitglied der Eigentümergemeinschaft im Zeitpunkt dieser Beschlussfassung, wie alle übrigen Miteigentümer jedoch nur in Höhe Ihres Miteigentumsanteils am Grundstück.
In unserem Beispiel trifft Sie der vom Schuldner nicht gezahlte und uneinbringliche Wohngeldrückstand in Höhe von 1 000 € mit einem Anteil von 126,39/1 000, also mit 126,39 €.

Das bedeutet für Sie grundsätzlich: Je größer die Wohnungseigentümergemeinschaft, desto geringer fällt Ihr Anteil an den auszugleichenden Wohngeldrückständen aus, da das Defizit auf viele Schultern verteilt werden kann. Haben Sie stattdessen zum Beispiel eine Wohnung in einem 3-Familien-Haus erworben, haften Sie de facto auch für Wohngeldrückstände des Schuldners entsprechend ihrem hohen 1/3 Miteigentumsanteil am Grundstück.

Der Spezialfall „Teilungsversteigerung“

Teilungsversteigerungsboom

Sowohl die gestiegene Ehescheidungsrate als auch die Tatsache, dass immer mehr Immobilien vererbt werden, haben in den letzten Jahren zu einem drastischen Anstieg der Zahl der durchgeführten Teilungsversteigerungsverfahren geführt. Ein „Ende der Fahnenstange“ ist dabei noch lange nicht in Sicht. Sogar die schlechte Wirtschaftslage kann indirekt Auslöser eines Teilungsversteigerungsverfahrens sein, dann nämlich, wenn der Gläubiger eines verschuldeten Miteigentümers dessen Anteil pfändet und anstelle des Miteigentümers anschließend die Teilungsversteigerung beantragt.

Uneinigkeit der Miteigentümer

Bei dieser Variante der Zwangsversteigerung stellt einer von mehreren Miteigentümern den Versteigerungsantrag, weil sich die Eigentümergemeinschaft über einen freihändigen Verkauf der Immobilie nicht einigen kann.
Hintergrund des Verfahrens ist daher nicht eine finanzielle Notlage des Eigentümers, sondern die Tatsache, dass sich mehrere Miteigentümer nicht auf eine Verwertung der Immobilie einigen können.

Der Rechtspfleger ordnet das Verfahren zum Zwecke der Aufhebung der Gemeinschaft an, um den unteilbaren Vermögenswert Immobilie in eine teilbare Vermögensmasse, nämlich Geld, zu verwandeln. Durch die Versteigerung wird dabei die Auseinandersetzung der Eigentümergemeinschaft nur vorbereitet, denn der Erlösüberschuss steht allen ehemaligen Eigentümern, bis sie sich über dessen Aufteilung geeinigt haben, gemeinschaftlich zu.

Vollstreckungs- und Teilungsversteigerung

In der Teilungsversteigerung gelten alle wichtigen Verfahrensgrundsätze, die auch in der Vollstreckungsversteigerung maßgeblich sind. Insbesondere die Durchführungsphasen der Verfahren entsprechen sich:

Verfahrensablauf

- **Anordnung** auf Antrag durch Beschluss des Versteigerungsgerichts.
- Erledigung etwaiger **Einstellungsanträge**.
- Einholen eines Sachverständigengutachtens und **Verkehrswertfestsetzung** nach Anhörung der Beteiligten.
- Bestimmung und Durchführung des **Versteigerungstermins** mit grundsätzlich gleichem Ablauf.

- **Zuschlag** an den Meistbietenden (das kann auch einer der ehemaligen Miteigentümer sein!).
- **Räumung** des oder der ehemaligen Eigentümer mit einer vollstreckbaren Ausfertigung des Zuschlagsbeschlusses, wenn diese nicht freiwillig weichen.
- **Verteilungstermin**, in dem der Ersteher das Bargebot zahlen muss, der Rechtspfleger den Erlös nach dem Rangklassensystem an etwaige Gläubiger verteilt und den Erlösüberschuss zugunsten der ehemaligen Miteigentümer feststellt.

Unterschiede

Allerdings gibt es einige gravierende Besonderheiten, die die Teilungsversteigerung zu einem Verfahren eigener Art machen. Wir haben sie in der folgenden Übersicht schlagwortartig für Sie zusammengestellt:

Vollstreckungsversteigerung und Teilungsversteigerung – Die Unterschiede

Vollstreckungsversteigerung	**Teilungsversteigerung**
Vollstreckung wegen einer Geldforderung	Vollstreckung des Auseinandersetzungsanspruchs
Hintergrund: finanzielle Notlage, Verschuldung	Hintergrund: Erbenstreit, Ehescheidung
Bezeichnung „Versteigerung zum Zwecke der Zwangsvollstreckung“	Bezeichnung „Versteigerung zum Zwecke der Aufhebung der Gemeinschaft“
Verfahrensziel: Gläubiger will Substanz der Immobilie verwerten und Befriedigung aus dem Erlös erlangen	Verfahrensziel: unteilbare Immobilie in teilbaren Erlös umwandeln
Parteibezeichnung: Gläubiger und Schuldner	Parteibezeichnung: Antragsteller und Antragsgegner
Vollstreckungsvoraussetzungen	Jederzeit durchsetzbarer Auseinandersetzungsanspruch, bloßer Antrag, kein Titel
Zwangsverwaltung = Gläubigerzugriff auf Erträge der Immobilie	Gemeinschaftliche Verwaltung durch die Miteigentümer ohne gerichtliche Hilfe

Einstellungsgrund Sanierungsfähigkeit des Schuldners	Einstellungsgrund Abwägung der widerstreitenden Miteigentümerinteressen
Deckungsgrundsatz des geringsten Gebots: alle Ansprüche, die dem Recht des bestbetreibenden Gläubigers vorgehen	Deckungsgrundsatz: alle eingetragenen Rechte, die dem – letztrangigen – Auseinandersetzungsanspruch vorgehen
Schnäppchen häufig möglich	Miteigentümer sind schwer zu schlagen: sie „Bieten im eigenen Geld“
Grunderwerbsteuer und Zuschlagsgebühr richten sich nach vollem Meistgebot	Günstigere Erwerbsnebenkosten für Gemeinschaftsmitglieder: Anteil an der Immobilie wird abgezogen
Ausnahmekündigungsrecht des Erstehers: dreimonatige Kündigungsfrist	Kein Ausnahmekündigungsrecht, zeitlicher Vorteil entfällt

Die Eigentümer als Bietkonkurrenten

Für Schnäppchenjäger sind Teilungsversteigerungsverfahren – deutlich weniger interessant: Bestehen bleiben von Grundschulden, Hypotheken und anderen Rechten und die entsprechende Verpflichtung des Erstehers zu Ihrer Übernahme sind die Regel! Außerdem ist in der Vollstreckungsversteigerung ein Billigerwerb häufiger möglich, z. B. wenn sich die Gesamtforderung des betreibenden Gläubigers unterhalb des Verkehrswertes bewegt.
In der Teilungsversteigerung ist zumeist mindestens eine Seite daran interessiert, das Objekt selbst zu ersteigern. Miteigentümer aus dem Feld zu schlagen ist aber schwierig oder besser gesagt teuer, denn diese **„bieten im eigenen Geld“**, weil sie schon an der Immobilie beteiligt sind und ihren Anteil aus dem Erlösüberschuss irgendwann zurückerhalten. Außerdem treiben sich die verfeindeten Parteien oft gegenseitig hoch. Meistgebote über Verkehrswert sind für Teilungsversteigerungen deshalb keine Seltenheit.

Erhält ein Miteigentümer den Zuschlag, hat er finanzielle Vorteile Ihnen gegenüber: Sowohl bei der Berechnung der Grunderwerbsteuer (3,5 % des Meistgebots) als auch bei der Ermittlung der Zuschlagsgebühr des Versteigerungsgerichts bleibt sein Anteil an der Immobilie, der ihm schon vorher zustand, außer Betracht.

Noch deutlicher fällt dieser Vorteil bei geschiedenen Eheleuten aus: Ersteigert einer der geschiedenen Eheleute das ehemals gemeinsame Grundstück, ist das Meistgebot sogar grunderwerbsteuerfrei, wenn ein zeitlicher Bezug zur Ehescheidung besteht. Die Erwerbsnebenkosten von Gemeinschaftsmitgliedern liegen also deutlich unter denen fremder Bietinteressenten.
Allerdings muss auch ein ehemaliger Miteigentümer das gesamte Meistgebot zahlen, sofern sich die Mitglieder der Gemeinschaft nicht über die Verteilung des Erlösüberschusses einig sind. Er darf nicht etwa seinen Anteil am Grundstück vorher abziehen, denn das würde der Auseinandersetzung vorgreifen.

Praxistipp

Schrauben Sie Ihre Erwartungen auf einen günstigen Erwerb der favorisierten Immobilie herunter, wenn Sie feststellen, dass es sich um eine Teilungsversteigerung handelt. Rechnen Sie mit starker Konkurrenz und hohen Geboten. Aber: Auch hier lohnt ein Versuch. Außer für das Bereitstellen der Sicherheitsleistung entstehen Ihnen keine Kosten, wenn Sie nicht zum Zuge kommen.

In der folgenden Übersicht finden Sie noch einmal die wichtigsten Punkte, die Sie bedenken müssen, wenn Sie an einer Teilungsversteigerung teilnehmen wollen:

Tipps für Bieter in der Teilungsversteigerung

- In Teilungsversteigerungen wird stets die **gesamte Immobilie** versteigert. Die Bruchteile oder Erbquoten der Miteigentümer sind daher für Sie völlig bedeutungslos.
- Richten Sie Ihr besonderes Augenmerk auf die Frage, ob **Rechte bestehen bleiben**, denn Sie müssen diese zusätzlich zu Ihrem Bargebot übernehmen.
- Kalkulieren Sie in jedem Fall die gesamten Kapitalbeträge der Grundschulden ein, da es nicht darauf ankommt, ob und in welcher Höhe diese noch „valutieren“: Wenn die Gläubigerbank eine geringere Restforderung hat, müssen Sie den Differenzbetrag an die ehemaligen Miteigentümer zahlen.
- Beachten Sie im Bekanntmachungsteil des Versteige-

rungstermins die Angabe des Rechtspflegers, **welche Miteigentümer das Verfahren aktiv als Antragsteller** betreiben. Nur diese können Einfluss auf die Zuschlagsentscheidung nehmen. Bei mehreren Antragstellern wird der Zuschlag (unabhängig von der Höhe des Meistgebots) nur dann versagt, wenn alle gemeinsam in der Verhandlung über den Zuschlag die einstweilige Einstellung des Verfahrens bewilligen.

- Stellen Sie sich darauf ein, dass auch alle Miteigentümer von Ihnen **Sicherheitsleistung** für Ihre Gebote verlangen können. Bringen Sie zweckmäßigerweise einen Bankverrechnungsscheck über 10% des Verkehrswertes zum Termin mit.
- Bedenken Sie, dass auch in der Teilungsversteigerung der Zuschlag vom Gericht versagt werden muss, wenn das Meistgebot (zu zahlender Teil + bestehen bleibende Rechte) die Hälfte des Verkehrswertes nicht erreicht. Hingegen spielt die 7/10-Grenze in diesen Verfahren in der Praxis keine Rolle.
- Kalkulieren Sie die Übernahme etwaiger Mietverträge ein, da Sie **kein Ausnahmekündigungsrecht** haben. Versuchen Sie in jedem Fall Auskunft über die bestehenden Verträge, die dem Gericht nicht vorliegen, zu bekommen.
- Bei dieser Gelegenheit können Sie auch Ihre **Bietkonkurrenz aufseiten der Streithähne** ermitteln: Der auskunftsfreudige Eigentümer will Geld sehen und ist an einem hohen Gebot interessiert, während der zugeknöpfte Teilhaber sicher selbst erwerben will.
- **Wohnt einer der Miteigentümer im Objekt**, können Sie Ihn mit einer vollstreckbaren Zuschlagsausfertigung räumen lassen, wenn er die Wohnung aufgrund einer einfachen Benutzungsregelung inne hat. Wurde jedoch ein richtiger Mietvertrag mit den übrigen Mitgliedern der Gemeinschaft abgeschlossen, kann ihm nur unter Einhaltung der vertraglichen und gesetzlichen Fristen gekündigt werden (wenn überhaupt ein Kündigungsgrund vorliegt).
- Gelegentlich werden Teilungsversteigerungen vom **Pfändungsgläubiger** eines verschuldeten Miteigentümers betrieben. In diesem Fall ist der betreffende Teilhaber entmachtet und hat keine Antragsrechte im Verfahren.
- Lassen Sie sich als Bietinteressent nicht von den **Emotionen** beeinflussen, die die verfeindeten Parteien oft in den Termin hereintragen. Behalten Sie einen klaren Kopf und verfallen Sie nicht in Hektik oder einen Bietrausch.

Die wichtigsten Fachbegriffe von A–Z

Abrechnungsspitze
Nachzahlungsbetrag an die Wohnungseigentümergemeinschaft, für den der Ersteher höchstens haftet. Er besteht aus der Differenz zwischen dem auf die erworbene Wohnung entfallenden Anteil der tatsächlichen Ausgaben und den nach Wirtschaftsplan zu leistenden Wohngeldvorauszahlungen, unabhängig davon ob diese auch geleistet wurden.

Ausnahmekündigungsrecht
Es gibt dem Ersteher die Möglichkeit, dem Mieter unabhängig von der Mietdauer zum ersten zulässigen Termin nach dem Zuschlag (das ist der dritte Werktag eines jeden Monats) für den Ablauf des übernächsten Monats unter Angabe von Gründen zu kündigen. Es bietet einen zeitlichen Vorteil und ist in der Teilungsversteigerung ausgeschlossen.

Bestbetreibender Gläubiger
Unter mehreren Gläubigern, die das Verfahren aktiv betreiben, also einen Anordnungs- oder Beitrittsbeschluss erwirkt haben, derjenige, der innerhalb des → Rangklassensystems den besten Rang hat. Er ist der Machthaber des Verfahrens, die → Versteigerungsbedingungen richten sich an ihm aus und er bestimmt maßgeblich, ob das → Meistgebot den → Zuschlag erhält.

Bietvollmacht
Benötigt jeder, der im Versteigerungstermin für einen Dritten Gebote abgeben will. Sie muss im Original vorgelegt werden, zumindest notariell beglaubigt sein und ausdrücklich zum Bieten ermächtigen.

Deckungsgrundsatz
Besagt, dass Rechte und Ansprüche, die dem → bestbetreibenden Gläubiger im Range vorgehen, durch das Versteigerungsverfahren nicht beeinträchtigt werden dürfen. Diese Ansprüche werden daher in das → geringste Gebot aufgenommen.

Dienstbarkeiten
Sind im Grundbuch (Abteilung II) eingetragen und gestatten ihrem Berechtigten eine Nutzung der fremden Immobilie in einzelnen Beziehungen *(z. B. Wegerecht oder Anbau an die Brandmauer)* oder verpflichten den Eigentümer des belasteten Grundstücks, eine Nutzung zu unterlassen (z. B. keine Tankstelle zu betreiben). Müssen häufig vom → Ersteher übernommen werden.

Einstweilige Einstellung
Taktisches Verfahrensmittel des betreibenden Gläubigers, das er zweimal nutzen kann. Führt dazu, dass das Verfahren für bis zu sechs Monate ruht. Vom → bestbetreibenden Gläubiger in der Verhandlung über den Zuschlag bewilligt hat sie zwingend und ohne Rücksicht auf die Höhe des → Meistgebots die Zuschlagsversagung zur Folge.

Ersteher
Bezeichnung des Erwerbers in der Versteigerung. Ihm wird aufgrund seines Meistgebots im Versteigerungstermin oder einem separaten Verkündungstermin der Zuschlag erteilt.

Geringstes Gebot
Mindestbetrag, der vom Bieter im Versteigerungstermin geboten werden muss, damit das Gericht sein Gebot zulassen kann. Es setzt sich aus dem an das Gericht zu zahlenden Betrag und den möglicherweise bestehen bleibenden Rechten, die dann der → Ersteher übernehmen muss, zusammen.

Grundschuld
Die im Grundbuch eingetragene Grundschuld stellt für die Banken das wichtigste Kreditsicherungsmittel dar. Aus ihr wird regelmäßig die Zwangsversteigerung betrieben. Sie ist im Gegensatz zur Hypothek nicht vom Bestand einer Forderung abhängig. Die aus ihr angemeldeten Beträge lassen daher keinen Rückschluss auf die Höhe der persönlichen Darlehensforderung zu.

Meistgebot
Höchstes Gebot am Ende der Bietzeit, zu dem der Zuschlag erteilt werden kann. Es ist vom Tag des Zuschlags bis zur Verteilung mit 4 % zu verzinsen und spätestens im Verteilungstermin an das Gericht zu zahlen.

Rangklassensystem
Strenge Hierarchie der Gläubiger, die aus der belasteten Immobilie Ausgleich ihrer Forderungen suchen. Die wichtigste Rangklasse 4 enthält die Ansprüche aus allen im Grundbuch eingetragenen Rechten (Grundschulden etc.) nach der Reihenfolge ihrer Eintragung oder ausgehandelten Abweichungen (Rangtausch). Erst nach vollständiger Befriedigung aller im Rang besser Stehenden erhält der nächste Anspruch/die nächste Rangklasse Zuteilung aus dem Erlös der Versteigerung.

Sicherheitsleistung
Hat ein Bieter unmittelbar nach der Abgabe seines Gebots auf Verlangen des Gläubigers an das Gericht zu übergeben. Sie beträgt immer 10 % des Verkehrswertes und kann durch Vorlage eines Bankverrechnungsschecks, eines bestätigten Bundesbankschecks, einer Bankbürgschaft oder durch Übergabe von Bargeld erbracht werden.

Verkehrswert
Ist der vom Sachverständigen ermittelte und vom Gericht durch Beschluss festgesetzte Wert des Versteigerungsobjekts, der im gewöhnlichen Geschäftsverkehr unter Berücksichtigung der Lage auf dem Immobilienmarkt zu erzielen wäre. Nach ihm bemessen sich die 10%ige Sicherheitsleistung und die 5/10- und 7/10-Zuschlagsversagungsgrenzen.

Versteigerungsbedingungen
Entsprechen den Kaufvertragskonditionen bei freihändigem Erwerb und sind im Gesetz festgelegt. Sie regeln Eigentums-, Lasten- und Nutzenübergang und bestimmen die Zahlungspflichten des Erstehers. Wichtigster Teil: → Geringstes Gebot.

Zuschlag
Er wird dem Meistbietenden erteilt und durch das Gericht regelmäßig bereits im Versteigerungstermin als Beschluss verkündet. Durch ihn geht das Eigentum an der Immobilie außerhalb des Grundbuchs zu den → Versteigerungsbedingungen unmittelbar auf den Ersteher über. Auf der anderen Seite begründet er die Pflicht des Erstehers zur Zahlung des → Meistgebots.

Zuschlagsversagung
Dem (zu niedrigen) Meistgebot wird der Zuschlag verweigert, etwa wegen Nichterreichens von 5/10- oder 7/10-Grenze, oder weil der → bestbetreibende Gläubiger nach Schluss der Versteigerung die → einstweilige Einstellung bewilligt. Nach einigen Monaten kommt es zu einem neuen Versteigerungstermin.

Abrechnungsspitze 78, 119, 126
Aktenzeichen 63
Amtsblatt 59
Amtsgericht 7
Anordnungsbeschluss 21, 52
Aufruf, dreimaliger 36
Ausgebotsarten 47
Ausnahmekündigung 102, 125, 126
Bankverrechnungsscheck 89, 90
Bargebot 29
Bekanntmachungsteil 25, 52, 83
Beteiligungsverhältnis 85
Bietinteressent 12
Bietstrategie 91ff.
Bietvollmacht 84, 126
Bietzeit 52, 83
Bodenwert 64
Deckungsgrundsatz 27, 123, 126
Dienstbarkeiten 126
Einstweilige Einstellung 44, 52, 126
Erlösverteilung 49f.
Ersteher 8, 19, 51, 94, 126
Ersteheranschreiben 50, 109, 113
Ertragswert 64, 65, 70
Erwerbsnebenkosten 82f.
Gebote 29, 34
Gebotslimit 81, 91, 93
Gefahrübergang 95
Gerichtstafel 23, 53
Geringstes Gebot 8, 26, 126
Gewährleistung 9, 81
Gläubiger, bestbetreibender 27f., 45, 126
Grundbuchberichtigung 51, 52
Grundbuchrang 28
Grundschuld 127
Handelsregisterauszug 86
Informationsquellen 53ff.
Lastenübergang 96
Meistgebot 19, 36, 87, 108, 127
Notar 7
Nutzenübergang 95
Rangklassensystem 27, 127
Räumung des Schuldners 99
Reallast 33
Sachwert 65, 70
Schuldner 10
Sicherheitsleistung 22, 88, 125, 127
Sondernutzungsrechte 68
Teilungserklärung 79
Teilungsversteigerung 105, 121
Übergebot 35
Verkehrswert 17, 20, 64, 67, 70, 127
Verkehrswertgutachten 62ff.
Verkündungstermin 19, 37, 53
Versteigerungsbedingungen, gesetzliche 8, 9, 52, 127
Versteigerungstermin 23f. 46, 51, 57ff.
Versteigerungsvermerk 21, 52
Verteilungstermin 9, 19, 49, 107f.
Wiederversteigerung 51, 116
Wohngeld 78f. 118
Wohngeldrückstände 78, 79
Wohnungsbindung 68
Wohnungseigentumseinheiten 7
Wohnungsrecht 32, 33, 76
Zuschlag 9, 26, 30f., 36, 94, 127
Zuschlag, Rechtskraft des 98
Zuschlagsbeschluss, vollstreckbare Ausfertigung 9, 113
Zuschlagsentscheidung 24, 38, 44, 83
Zuschlagsversagung 47, 127
Zuzahlungsbetrag 74f.
Zwangsverwalter 95, 98
Zwangsverwaltung 95, 122
5/10-Grenze 22, 41
7/10-Grenze 22, 43

Für die Bereitstellung der Bilder bedanken wir uns bei den Firmen:

Hebel Haus GmbH
www.hebelhaus.de

Stommel Haus GmbH
www.stommel-haus.de

Sjödalshus GmbH
www.sjodalshus.de